DE L'INSCRIPTION

DES PRIVILÉGES

ET DES

HYPOTHÈQUES,

THÈSE DE DOCTORAT

PAR

F.-CAMILLE JEANPIERRE,

Avocat à la Cour impériale de Nancy.

NANCY,

IMPRIMERIE DE A. LEPAGE, GRANDE-RUE (VILLE-VIEILLE), 14.

1863.

DE L'INSCRIPTION

DES PRIVILÉGES

ET DES

HYPOTHÈQUES,

PAR

F.-CAMILLE JEANPIERRE,

Docteur en Droit,

Avocat à la Cour impériale de Nancy.

NANCY,

IMPRIMERIE DE A. LEPAGE, GRANDE-RUE (VILLE-VIEILLE), 14.

1863.

A MON PÈRE

A MA MÈRE

F.-Camille Jeanpierre.

Nancy. — Imprimerie de A. Lepage, Grande-Rue, 14.

DU

GAGE (PIGNUS HYPOTHECA)

DU DROIT RÉEL

ET DES ACTIONS QU'IL CONFÈRE

Dans le principe, l'exécution sur la personne du débiteur, sauf de rares exceptions, était la seule en usage ; le vieux droit quiritaire donnait action au créancier, non pas sur les biens, mais sur la personne même de son débiteur, et le procédé qui lui était ouvert était l'action de la loi *per manus injectionem.* Peu à peu ce procédé disparut avec la marche des siècles ; l'exécution sur les biens lui succéda, et la formule « qui s'oblige, oblige le sien » devint exacte, puisque la personne et les biens d'un débiteur étaient le gage commun de ses créanciers.

Mais, par cela même que des garanties appartiennent à tous, souvent elles deviennent illusoires ; et alors le crédit manquant de bases solides disparait, pour ne laisser derrière lui que défiance dans les relations et ralentissement des affaires.

Ce danger, les législateurs l'ont compris, et pour y remédier ils ont créé deux sortes de garanties : les unes personnelles, qui ont pour but de joindre à l'obligation principale des obligations accessoires; les autres réelles, qui ont pour but de conférer aux créanciers des droits particuliers sur les biens de leurs débiteurs.

Parmi ces dernières, la plus importante, soit parce qu'elle procure au créancier le plus de sécurité, soit au point de vue du dessaisissement qu'elle opère, c'est le gage. Aussi les législateurs de tous temps et de tous pays lui ont-ils accordé une attention particulière.

Le droit de gage (*pignus*, *hypotheca*) est le droit *réel* accordé à un créancier, sur la chose d'autrui, pour la sûreté de sa créance. Nous disons sur la chose d'autrui, car c'est en général ce qui aura lieu ; mais il peut se faire que le créancier ait une hypothèque sur sa propre chose ; dans le cas, par exemple où, s'étant rendu acquéreur d'un immeuble et en ayant versé le prix entre les mains des premiers créanciers hypothécaires, il serait substitué à leurs droits et ne pourrait être expulsé que moyennant le remboursement de ce qu'il a payé. C'est un droit accessoire, en ce sens que d'après sa nature et son but, il est subordonné à l'existence d'une créance qu'il doit servir à assurer. Néanmoins, sous le rapport de sa durée, le droit de gage n'est pas toujours d'une nature strictement accessoire.

Le gage peut être envisagé sous plusieurs points de vue différents : il peut prendre naissance, soit par un acte de la volonté du propriétaire, soit même contre sa volonté.

Le gage nécessaire repose :

1° Sur un ordre du magistrat, ce qui comprend la

missio in bona ou *in possessionem* et la *pignoris capio*.

La *missio in possessionem* du créancier était le moyen d'exécution véritablement propre au système formulaire, celui que le droit prétorien substitua à la *manus injectio*. Du reste, c'était une imitation presque fidèle de cette manus injectio. Comme elle, c'était une attribution provisoire faite par le prêteur à une personne pour lui donner une garantie ; comme elle, elle avait principalement pour but de briser la résistance d'un débiteur récalcitrant. Seulement ce n'est plus la personne physique du débiteur, mais sa personne juridique qui en fait l'objet.

Elle avait lieu le plus souvent sur une universalité de biens ; quelquefois, cependant, elle ne s'étendait qu'à des objets spéciaux. Les causes de cet envoi en possession étaient variées : garantie des droits de créance, d'hérédité, de legs, telles sont celles qui se présentaient le plus fréquemment. — Cette attribution ne donnait à l'envoyé que la garde et la surveillance des biens ; c'était une sorte de gage (pignus prœtorium) protégé par un interdit spécial ou par une action in factum. Ce n'était que par des mesures subséquentes, et selon la diversité des cas, que la mission in possessionem pouvait amener, soit une véritable possession civile, comme dans le cas de domnum infectum, en vertu d'un second décret (jussus possidendi); soit la faculté de faire vendre les biens et de se payer sur le prix.

La *pignoris capio*, elle aussi, était une exécution forcée sur les biens ; mais elle avait quelque chose de plus conforme aux progrès de la civilisation. Ce n'était plus la partie intéressée qui s'emparait elle-même des biens de son débiteur pour s'en faire un gage, c'était le magistrat qui, pour assurer l'exécution des sentences, put faire une pareille saisie en envoyant ses *officiales* en possession. Ces derniers poursuivaient la vente non pas sur l'universalité des biens, mais seulement sur ceux jugés suffisants pour acquitter les dettes. L'ordre des objets dont la distraction devait être opérée avait été législativement fixé (1).

2° Le gage nécessaire peut aussi reposer immédiatement sur une disposition légale, puisque beaucoup de créances, dès qu'existent les faits ou les rapports d'où elles résultent, entraînent de droit avec elles une hypothèque. Le gage prend alors le nom de *pignus legale*, ou bien encore celui de *tacitum pignus*, parce qu'il est considéré comme fondé sur la volonté présumée des parties.

Parmi les hypothèques légales, figurent :

1° Celle du fisc sur les biens des administrateurs et des comptables, non-seulement pour le paiement des contributions, mais pour toute obligation ; sauf, toutefois, une exception pour les sommes dues à titre de peine (2) ;

2° Celle des pupilles sur les biens de leurs tuteurs ou curateurs ;

3° Celle des enfants sur les biens de leur père et mère pour garantir les *lucra nuptialia*, et sur les biens du père, pour la fortune maternelle dont l'administration lui appartenait (3) ;

(1) Dig. 42. 1. de re judic. 15, § 2. f. Ulp.

(2) Loi 17, Dig. De jure fisci.

(3) Nov. 98 ; const. 8, § 5, Code, de secundis nup. ; const. 6, § 4, de bonis quæ lib.

4° Celle du mari sur les biens de ceux qui s'étaient engagés à fournir la dot (1) ;

5° Celle de la femme pour la restitution de sa dot (2) ;

6° Celle des intéressés, pour le cas où un legs ayant été fait à l'un des époux par le prédécédé, sous la condition qu'il ne contracterait pas un second mariage, la condition viendrait à défaillir (3) ;

7° Celles dont étaient grevés les biens de l'emphytéote pour la garantie de la restitution en bon état du fonds concédé (4).

Toutes ces hypothèques étaient générales.

Étaient au contraire spéciales :

1° L'hypothèque dont étaient affectés les meubles et ustensiles aratoires du fermier, lorsque le bailleur l'avait stipulée ;

2° Celle dont étaient affectés les meubles du locataire d'une maison, alors même qu'il n'y avait pas eu de convention à cet égard. La différence que nous venons de signaler, quant à l'existence de l'hypothèque dans les deux cas, provenait de ce que le bailleur d'un fonds rural a déjà pour garantie les récoltes faites sur le fonds, et que dès lors l'hypothèque sur les meubles n'est qu'un surcroît de sûreté ; tandis que cette hypothèque est la seule garantie du locateur d'une maison ;

3° Celle accordée à celui qui aurait prêté de l'argent

(1) Const. un., § 1, Code, de rei uxoriæ act.
(2) Const. 12, pr., § 1 et 2, qui pot.
(3) Nov., 22, chap. 44, §§ 2, 3, 8 et 9.
(4) Nov. 7, chap. 3, § 2.

pour la reconstruction d'une maison, non-seulement sur la superficie, mais même sur le sol (1);

4° Celle des pupilles sur les choses achetées de leur argent (2), mais pas en leur nom;

5° L'hypothèque accordée aux légataires et aux fidéicommissaires sur la part de la succession qui revenait à celui qui était chargé d'acquitter les legs et les fidéicommis (3).

Le gage volontaire se fonde :

1° Sur une disposition de dernière volonté. Un testateur pouvait en effet constituer une hypothèque sur ses biens, soit pour la sûreté des légataires, soit pour celle de ses créanciers, ou même pour la dette d'un tiers (4).

Le gage testamentaire n'est mentionné que par un petit nombre de textes; nos sources se réfèrent à des rescrits de Septime Sévère et Antonin Caracalla, comme ayant reconnu la possibilité de l'établir (5).

2° Sous une convention......................
.... c'est-à-dire sur la volonté des parties.

Le gage se présente alors sous deux rapports bien différents que nous distinguerons :

1° Sous le rapport du contrat, c'est-à-dire des obligations formées entre le crancier gagiste et le débiteur;

2° Sous le rapport du droit réel conféré au créancier sur l'objet donné en gage.

(1) Loi 7, Dig, *qui pot.;* loi 3, pr. de reb. cor. *qui sub tut.*
(2) constit. 1 Cod, com. de leg.
(3) Loi 1, Dig., *in quibus cons pign.*
(4) L. 26, pr., D., cit.; — L. 0, D., de ann. leg.
(5) L. 26., pr., D., de pignor. act. (XIII, 7) Ulp.

Nous l'envisagerons rapidement au point de vue du contrat ; nous nous bornerons à en donner des notions indispensables, pour la clarté du reste de notre travail.

Au point de vue du droit réel qu'il confère au créancier, le gage mérite, au contraire, une plus grande attention. Aussi l'étude que nous en ferons sera-t-elle plus consciencieuse.

Ce n'est pas seulement comme sûreté à donner au créancier, mais bien encore au point de vue du dessaisissement qu'il opère, que nous aurons à nous en occuper. Nous remonterons à l'origine du gage, nous le verrons alors se confondant avec la propriété ; puis ce droit se modifiera à l'égard du créancier ; bientôt la propriété lui échappera ; enfin la possession et l'hypothèque prendront naissance.

C'est ainsi que nous suivrons, pas à pas, les modifications apportées au droit primitif sous l'empire de ce principe, que tout en protégeant le créancier, il faut éviter avec soin de sacrifier le débiteur. Cette double préoccupation se trouve, en effet, constamment tracée dans la marche qu'a suivie l'hypothèque.

CHAPITRE PREMIER.

CARACTÈRES CONSTITUTIFS DU CONTRAT DE GAGE

§ 1. — COMMENT IL EST CONSTITUÉ.

La création du gage par convention n'est assujétie à aucune forme ; toute déclaration de volonté exprimant l'intention d'établir le contrat de gage suffit (1); cette intention peut même s'induire de certains actes. Remarquons toutefois que pour les choses dont l'aliénation est assujétie à une forme déterminée, il faut, en les donnant en gage observer la même forme (2).

Ce système présentait de grands inconvénients : les hypothèques pouvaient être occultes, et de plus le rang des créanciers hypothécaires se réglant par l'époque de la constitution d'hypothèque, il était quelquefois difficile d'établir un ordre exact puisqu'aucune condition n'était requise pour assurer la sincérité de la date.

(1) Loi 4, Dig., de pign. et hyp.
(2) L. 22. C., de adm. tut. l. 2, C., de curat furios.
(3) Cod. 8. 18. Qui potior, 11, const. Léon.

L'empereur Léon ordonna, il est vrai, que les hypothèques constatées, soit par un *instrumentum publice confectum*, soit par un acte sous seing-privé souscrit par trois hommes d'une renommée intègre, passeraient, bien que postérieures, avant celles qui seraient dénuées de semblables preuves (3).

Mais ce n'était pas une règle impérative; et d'ailleurs, si le créancier venait à son rang véritable, il n'en ignorait pas moins le nombre des créanciers qui le précédaient.

Aussi nous est-il permis de dire qu'aucun législateur romain n'avait véritablement songé à établir un système de publicité des hypothèques, et que c'est au génie des législateurs modernes, qu'il était réservé de fortifier par de sérieuses garanties le régime hypothécaire.

§ 2. — CAPACITÉ DE CONSTITUER ET D'ACQUÉRIR UN DROIT DE GAGE OU D'HYPOTHÈQUE.

Le *droit* de gage ou d'hypothèque peut être en général constitué conventionnellement par quiconque a la libre disposition de l'objet. Ce principe souffre une exception : les femmes en effet, quoique propriétaires et capables d'aliéner, ne pouvaient, en vertu du sénatus-consulte Velleien, constituer un gage, dans certains cas ; cette règle, du reste, n'est pas spéciale à notre matière et doit être étendue à tous les cas d'*intercessio*.

Le gage peut donc être constitué non-seulement par le propriétaire, en tant que le droit de disposer de sa chose ne lui est point interdit ou n'est pas limité par quelque motif particulier et par la copropriétaire, quant à sa part de la chose commune (1) ; mais encore par l'emphytéote et le superficiaire, pour la durée de leur droit.

Par l'usufruitier, et alors l'objet du gage n'est pas la servitude personnelle d'usufruit, mais la perception des fruits et la faculté de les vendre, *factum non jus*. Par celui qui a un droit d'habitation et par celui à qui appartiennent les *operæ servi;* mais nous devons appliquer également à ces deux cas l'observation que nous avons faite à l'égard de l'usufruitier.

Par le créancier gagiste relativement à l'objet engagé : ainsi si j'ai reçu un gage d'une personne qui avait la publicienne, le prêteur m'accordera l'action hypothécaire, de même qu'il eût donné à mon débiteur l'action publiciennne (2).

Par le fils de famille et l'esclave relativement au peculium dont la libre administration lui a été accordée ;

Et en général par l'administrateur des biens d'autrui (3), en tant que la capacité d'hypothéquer n'est pas limitée en lui par des motifs particuliers ; c'est ce qui arrive, par exemple, pour les tuteurs et curateurs.

Au contraire, en règle générale, la constitution d'un gage sur la chose d'autrui, dont on n'a pas la disposition, est nulle (4), à moins que le propriétaire

(1) L. 7, § 4, D., quib. mod. pign. solv. (XX, 6.)
(2) L. 18, Dig., de pig. et hypoth.
(3) L. 11, pr., D., H., T.; l. 12, D., de pign. act.
(4) L. 2, D., de pign. act. (XIII, 7), l. 2, l. 4, l. 6, C., H., T. (VIII, 16).

ne consente à l'hypothèque ou ne la ratifie postérieurement.

Toutefois, je puis obliger ce qui, n'étant point *in bonis meis*, est susceptible de l'être. Ainsi, les choses qui n'existeraient point encore, mais doivent exister, peuvent être hypothéquées. J'en dis autant de la chose qui m'est due

Un débiteur peut de même hypothéquer la chose d'autrui, sous la condition qu'il en deviendra propriétaire ; dans ces divers cas, le moment où commence l'hypothèque est celui de l'acquisition de la chose.

Il nous reste à examiner quel est le sort de l'hypothèque accordée sur une chose appartenant à autrui, soit lorsque le débiteur devient par la suite propriétaire de la chose par lui hypothéquée, soit lorsque le propriétaire de la chose devient héritier de celui qui l'a hypothéquée. Nous aurons, enfin, à nous demander si la bonne ou mauvaise foi du créancier, sachant ou ignorant que le débiteur n'était pas propriétaire, ne doit pas avoir d'influence sur la solution à donner dans les deux questions que nous venons de poser.

Dans une première hypothèse, celle où le débiteur est devenu, par la suite, propriétaire de la chose hypothéquée, si le créancier a été de bonne foi, l'hypothèque doit produire son effet ; mais pour poursuivre son droit, le créancier ne pouvait user de l'action directe qui n'appartient qu'à celui qui prouve que l'objet sur lequel une hypothèque a été constituée à son profit était dans le patrimoine de son débiteur au moment de la constitution du gage.

Le préteur lui accordera une *action utile*, à laquelle sont attachés tous les effets de l'action directe.

Si, au contraire, le créancier avait été de mauvaise foi, c'est-à-dire s'il avait su que la chose qu'on lui hypothéquait était à autrui, il n'avait pas, même après que le débiteur en avait acquis la propriété, une *utilis actio*, mais seulement un droit de rétention dans le cas où il aurait obtenu la possession (1).

Dans une deuxième hypothèse, celle où le propriétaire de la chose hypothéquée devient héritier de celui qui l'a hypothéquée, nous avons à rechercher si nous devons également admettre la solution que nous venons de donner dans la première.

Si nous consultons les commentateurs, nous n'y trouverons que contradictions ; c'est ainsi que le jurisconsulte Paul se prononce nettement, dans la loi 41, *de pign. act.*, contre la validité d'une telle hypothèque, tandis que Modestin, dans la loi 22 de notre titre, est tout aussi précis pour donner une solution contraire. La contradiction est flagrante dans ces deux textes, et cependant certains interprètes ont refusé de l'admettre. Nous ne les imiterons pas, car, quelque confiance que nous ayons dans la promesse de Justinien que son œuvre ne contient pas *contrarium aliquid positum*, nous pensons que, s'il faut rechercher avec le plus grand soin l'intention du jurisconsulte et refuser d'admettre trop facilement les antinomies, il faut, à l'inverse, éviter des conciliations forcées et admettre l'évidence.

(1) L. 41, D., de pign. act. (XIII, 7), l. 5, C., H. T. (VIII, 16).

La contradiction admise, reste à opter entre les deux opinions. Nous croyons, comme on le fait généralement, que Paul n'a fait qu'émettre l'opinion de son temps, en soutenant que l'hypothèque devait être nulle; mais cette opinion a été abandonnée et il faut décider avec Modestin, qui exprime le dernier état des choses, que cette hypothèque sera validée, et que le créancier aura une utilis actio.

Il faut aussi, pour l'acquisition d'un droit de gage conventionnel, que le créancier, à raison des obligations personnelles réciproques naissant du contrat de gage, ait la libre disposition de ses biens, ou autrement qu'il soit assisté de celui sans l'autorisation duquel il ne peut s'obliger.

Cette acquisition ne pouvait, en outre, conséquemment aux principes de l'ancien droit, être faite directement par un représentant indépendant; mais Justinien a décidé le contraire (1).

§ 3. — DES CRÉANCES ET OBLIGATIONS QU'IL GARANTIT.

La créance, dont l'existence est la condition nécessaire et le fondement du droit de gage, peut avoir pour objet non-seulement de l'argent, mais encore toute autre chose.

Il n'est pas non plus nécessaire que ce soit une *civilis obligatio* : quand même c'est une simple *naturalis obligatio*, le gage peut être constitué avec une complète efficacité.

(1) L. 2, C., per quas pers. nob acquit. (IV, 27).

Mais, au contraire, si l'obligation est déclarée entièrement nulle par le droit civil, ou si elle est paralysée par une *perpetua exceptio* introduite en faveur du débiteur, la constitution de gage n'est pas valable. Il en serait autrement si, dans ce dernier cas, le débiteur avait su qu'il avait une *perpetua exceptio* contre l'action du créancier; car alors la constitution du gage emporte renonciation à l'exception relativement au gage, en sorte que le droit de gage existe, pourvu que le constituant soit capable de faire cette renonciation.

Le gage ou l'hypothèque peut être établi non-seulement pour une obligation présente, mais encore pour une obligation future, ou pour une obligation dépendant d'une condition. Enfin, on peut constituer un gage, non-seulement pour sa propre obligation, mais encore pour une obligation étrangère (1).

Le gage est affecté à la dette principale dans toute son étendue, en tant qu'il n'a pas été établi expressément pour une partie seulement, et à toutes les obligations accessoires, à moins que la constitution de gage n'ait été expressément limitée à la dette principale, ou à telle ou telle de ces obligations accessoires (2).

En sens inverse, un gage peut aussi, suivant la manière dont il a été constitué, être affecté à plusieurs obligations.

(1) L. 5, § 2. D., h. t.
(2) L. 11, § 3. D., de pign. act (XIII, 7).

§ 4. — DES MODALITÉS DONT EST SUSCEPTIBLE LE CONTRAT DE GAGE.

Le contrat de gage peut être pur et simple, à terme ou sous condition. Quand on a ajouté à la convention de gage une condition ou un terme incertain, on ne peut, à la vérité, faire valoir le droit de gage avant son accomplissement ; mais l'effet que le gage produit au moment de l'événement de la condition, si elle n'est telle que son accomplissement dépende de la volonté du débiteur qui a constitué le gage, rétroagit au jour de la constitution.

Le gage, si nous considérons son étendue relativement aux objets qu'il embrasse, est aussi soit général, soit spécial, selon qu'il porte sur une universalité ou sur des objets déterminés. Mais, dans le silence des parties, il est souvent difficile de déterminer à quelles choses s'étend l'obligation de gage, car notre titre donne bien quelques exemples, mais ne pose aucune règle.

Enfin les parties pouvaient joindre des clauses accessoires au contrat de gage et le modifier ainsi. Les deux plus usitées et les plus importantes étaient le pacte *d'antichrèse* et le pacte *commissoire*.

CHAPITRE II.

DU DROIT RÉEL CONFÉRÉ PAR LE GAGE.

Il nous reste à étudier le gage sous le rapport du droit réel qu'il confère. A ce point de vue, ce n'est pas seulement la sûreté qu'il procure au créancier, mais encore le dessaisissement qu'il opère vis-à-vis du débiteur, qui devront nous occuper. Les droits du créancier et ceux du débiteur sont en présence ; affermir les uns, sans toutefois annihiler les autres, tel devait être le but que se proposaient les législateurs. Pour y parvenir, ils transformèrent successivement la nature du gage, je veux dire du droit réel qu'il confère.

C'est ainsi, qu'à l'origine, l'unique sûreté que le débiteur pouvait procurer à son créancier consistait dans une translation de propriété. La Constitution conventionnelle du gage se faisait alors par *mancipatio* ou *in jure cessio fiduciæ causa*. En même temps que le débiteur transportait au créancier, pour sa sûreté, la propriété d'une chose, il lui faisait promettre qu'après avoir reçu le payement il restituerait la propriété de cette chose. En un mot, c'était le débiteur qui se fiait à son créancier. Quand, après le paiement, la chose était retransférée par le créancier au débiteur, d'une manière solennelle, soit par *mancipatio*, soit par *in jure cessio*, il recouvrait ainsi son ancienne propriété *ex jure quiritium*. Lorsqu'il était rentré en possession par quelqu'autre moyen, le législateur lui permettait de recouvrer la propriété quiritaire par une usucapion d'une année. Cette usucapion avait pris le nom de *usureceptio*. Elle pouvait avoir lieu, soit que le débiteur eût payé sa dette, soit même qu'il ne fût pas libéré, sauf cette différence que, dans le second cas, il ne pouvait usucaper, s'il était en possession à titre de pécariste ou de locataire, tandis que dans l'autre cas on ne faisait aucune distinction.

Le bénéfice de cette usucapion était un bien faible avantage pour le débiteur, si nous le mettons en balance avec les graves et nombreux inconvénients que présentait pour lui ce système : le créancier, en effet, pouvait détériorer le gage, soit physiquement, soit même juridiquement en le grevant de droits réels. S'il perdait la possession, lui seul pouvait revendiquer ; le débiteur n'avait plus la faculté de vendre la chose dont il avait abdiqué la propriété, il ne pouvait pas même en disposer *mortis causa*, il n'avait qu'une action *fiduciæ directa* pour la répéter lorsqu'il avait désintéressé le créancier, ou pour recouvrer l'excédant du prix lorsque ce dernier, n'étant pas payé, avait fait vendre le gage.

C'est pour obvier à tant d'inconvénients que l'on imagina un deuxième système. Peu à peu, en effet, la *fiducia* tomba en désuétude et, à côté d'elle, se développa le *pignus*. Dans ce nouveau système ce n'est plus la propriété, mais seulement la possession du gage, que le débiteur remet au créancier. Il paraît même que dans les premiers temps du *pignus*, le créancier gagiste n'avait, en cas de non-paiement, que le droit *de retenir la* possession; il n'avait pas, *ipso jure*, par cela seul que le contrat était intervenu, le droit *de vendre* la chose donnée en gage. C'est ce qui résulte, en effet, de la loi 73, *de furtis, l.* 47, *titre* 2, *au Dig.*, dans laquelle le jurisconsulte *Jarotonus* dit que si le créancier gagiste s'est permis de vendre la chose engagée, sans que ce pouvoir lui ait été expressément donné, *furti se obligat*. Bientôt, il est vrai, la vente devint de l'essence du contrat de gage (1), et, alors même qu'une clause expresse la prohibait, le créancier y put procéder en faisant préalablement trois dénonciations au débiteur.

Mais cet inconvénient n'était pas le seul que présentait le second système; celui-là corrigé, il en restait deux autres dont nous allons parler et qui nous aideront à comprendre pourquoi le législateur s'est efforcé d'introduire un troisième système.

1° Dans le système du pignus, si le créancier venait à perdre la possession, il n'avait pas d'action *in rem* pour la recouvrer, il n'avait que les interdits. Un mandat donné par le débiteur de faire cette revendication n'eût pas même suffi dans le principe, car on ne pouvait agir par procureur dans les actions de la loi; et, si nous nous plaçons sous le système formulaire, le mandat laissait subsister un inconvénient résultant de l'obligation imposée au procureur de fournir la caution *judicatum solvi*. La fiducie offrait

(1) Loi 4, D., du pign. act.

donc plus de garantie au créancier que le pignus ; aussi ce dernier système ne se substitua-t-il point d'une manière complète au précédent.

2° Le second inconvénient que nous devons signaler, c'est que le débiteur qui constituait un gage était tenu de se déposséder du gage, et qu'ainsi un homme qui aurait eu un besoin indispensable de sa chose ne pouvait emprunter. Les parties, il est vrai, s'efforçaient de remédier à cet inconvénient par la restitution de l'objet au débiteur et, pour cela, deux procédés étaient en usage :

Dans l'un et dans l'autre on admettait bien qu'il n'y a point de gage là où le créancier n'obtient point la possession, mais on se retranchait derrière ce principe que l'on peut posséder *per extraneum*, et alors, suivant un premier procédé, le créancier se constituait *locator*, et le débiteur *conductor* de la chose donnée en gage, parce que précisément, dans le contrat de louage, le *conductor* est *in possessione*, tandis que le *locator* est le vrai *possessor*.

Suivant le second procédé, le créancier gagiste concédait la chose *à précaire* à son débiteur, et ici encore le créancier était considéré comme ayant une possession suffisante pour la conservation du droit de gage (1).

Ce sont ces deux procédés qui précisément forment la transition du système *du pignus* au système de *l'hypothèque*.

(1) V. sur ces deux procédés : 1° loi 35, § 1, et l. 3, liv. 13, tit. 7. D. ; 2° loi 37, liv. 41, tit. 2. D. ; 3° loi 6, § 4, liv. 43, tit. 26, D.

CHAPITRE III.

DE L'HYPOTHÈQUE.

Nous avons vu dans le système du gage proprement dit les parties s'efforcer d'atténuer les effets du dessaisissement produit par le contrat de gage au préjudice du débiteur. Les prêteurs, eux aussi, n'avaient pas tardé à se préoccuper de la même idée, et bientôt, par l'introduction de l'hypothèque en droit romain, ils inaugurèrent un système de garantie qui, tout à la fois, consolida la sécurité du créancier, en lui accordant une action in rem contre les tiers détenteurs, et maintint les droits du débiteur en lui permettant d'affecter sa chose à la garantie d'une dette, sans en abandonner la possession. L'hypothèque, en effet, par une simple convention, *nudâ pactione*, sans qu'aucune espèce de tradition soit nécessaire, constitue, au profit du créancier, un droit *réel* qui lui permet de suivre et d'atteindre, en quelques mains qu'elle passe, la chose qui lui a été engagée.

Ce pacte a une origine assez ancienne : il en est question dans Cicéron (1), mais il ne le mentionne

(1) Epistolæ ad famil. — L. 13, lettre 56.

que comme une institution curieuse qu'il a rencontrée dans une province grecque ; Plutarque en fait également mention dans la *Vie de Solon*.

En droit romain, la validité de ce pacte n'a d'abord été admise que dans un cas où le *pignus* était impraticable, celui où le fermier garantit au bailleur d'un bien rural le prix du fermage sur ce qui sert à l'exploitation de la ferme. Il fallait bien, en effet, laisser au fermier les instruments nécessaires à la culture. Du reste, peut-être avait-on vu dans ce cas une espèce de possession par le propriétaire des objets apportés sur son fonds.

Quoi qu'il en soit, les avantages de ce nouveau système ne tardèrent pas à le faire étendre par les préteurs. L'idée fut généralisée et bientôt l'on admit que toute personne pourrait, sans faire au créancier aucune tradition de l'objet affecté au paiement de la créance, lui conférer sur cet objet le même droit que si on le lui avait remis en gage. Cette innovation prétorienne offrit une anomalie particulière dans le droit romain, celle d'un droit réel constitué par la seule convention ; mais elle fournit un moyen bien commode de crédit, puisque le débiteur pouvait ainsi donner en garantie au créancier une chose, sans se priver ni de son usage, ni de sa possession.

Quant au *pignus* proprement dit, il ne disparut point, il est vrai, devant l'hypothèque, mais il se modifia sous l'influence des idées nouvelles. En effet, dans le principe, le créancier qui perdait la possession de l'objet qui lui avait été donné en gage ne pouvait avoir d'action réelle pour le recouvrer. Mais lorsque l'hypothèque parut et qu'avec elle, il fut admis qu'un droit *réel*, établi sans tradition, donnerait au créancier un droit de suite contre les tiers, cette nouvelle règle, ne devait pas être sans effet sur la théorie du *pignus* : on devait décider à plus forte raison, comme l'a fait le législateur, que lorsqu'un gage aurait été constitué, le créancier gagiste aurait une action hypothécaire, tout aussi bien que si une sûreté lui avait été donnée *nudâ pactione*.

On put alors, mais seulement en se plaçant au point de vue de l'action, dire avec Marcien : « Inter pignus et hypothecam tantum nominis sonus differt (1) ».

Ce serait donc une grave erreur de dire, en se fondant sur le texte que nous venons de citer, que, sous Justinien, il n'y a plus de différence entre le *pignus* et l'*hypotheca*. Une différence importante subsistait encore ; nous ne la rattachons pas à la nature mobilière ou immobilière de l'objet engagé, comme on l'a quelquefois essayé à tort, puisque le pignus peut s'appliquer à des choses immobilières et que l'hypothèque peut porter sur des meubles ; mais nous la trouvons en ce que dans l'un, il y a remise de la chose au créancier et dans l'autre, simple convention. Quant à l'action hypothécaire elle-même, nous verrons, lorsque nous en étudierons la nature, qu'en dépit de Marcien et de Justinien, il n'est pas toujours sans intérêt de distinguer s'il s'agit d'un créancier gagiste ou d'un créancier hypothécaire. Quoi qu'il en soit, les effets du gage et ceux de l'hypothèque sont identiques ; aussi à l'avenir emploierons-nous indistinctement les deux termes dans le cours de ce travail.

(1) Loi 5, § 1, Dig. 20, de pign. et hyp.

§ 1. — DE L'ÉTENDUE DU DROIT RÉEL CONFÉRÉ AUX CRÉANCIERS.

Après les quelques notions historiques que nous avons données, afin d'expliquer les modifications du pignus et l'introduction de l'hypothèque, il nous reste à parler des droits que conserve le débiteur et de ceux que le créancier acquiert par suite de la constitution du gage.

Après, comme avant cette constitution, jusqu'à ce que le gage soit régulièrement vendu ou adjugé en propriété au créancier, le débiteur conserve la propriété de la chose engagée ou hypothéquée (1). Comme conséquence de ce droit, il résulte :

Que l'usage et la jouissance de cette chose lui restent, si ce droit n'a pas été transféré au créancier par le pacte d'antichrèse.

Qu'il profite également de tous les avantages qui peuvent augmenter la valeur du fonds, et réciproquement qu'il souffre toutes les pertes survenues par cas fortuit.

Qu'il peut grever la chose de servitudes, en tant qu'il ne préjudicie pas au droit du créancier, et l'affecter à de nouvelles hypothèques. Cependant celui qui, en hypothéquant de nouveau la chose, n'annonce pas au créancier postérieur qu'elle est déjà hypothéquée, commet le délit de *stellionatus*, à moins que la valeur de la chose ne soit assez considérable

(1) L. 35, § 1, D. de pign. act. (XIII, 7).

pour fournir à ce dernier créancier une sûreté suffisante (1).

Qu'il conserve la faculté d'aliéner, à moins que le contraire n'ait été expressément stipulé; toutefois, s'il le fait sans le consentement du créancier, il ne l'aliène qu'avec la charge de l'hypothèque (*cum sua causa*), et le créancier reste libre d'agir vis-à-vis des tiers détenteurs de la même manière que vis-à-vis du débiteur lui-même.

Ce droit de disposition cesse lorsqu'il s'agit d'une chose mobilière spécialement affectée au contrat. Dans ce cas, si la vente a eu lieu sans la volonté et à l'insu du créancier, le débiteur commet un vol, bien que sur sa propre chose, sans que néanmoins cela empêche la translation de la propriété à l'acquéreur (2). Au contraire, l'affranchissement d'un esclave spécialement hypothéqué, fait sans le consentement du créancier, est aussi dénué d'effet (3) que toute autre disposition de la chose faite en fraude du créancier, ou inconciliable avec ses droits.

Enfin le débiteur peut disposer pour cause de mort de la chose engagée.

Outre la propriété, le débiteur conserve la possession, s'il n'a consenti qu'une hypothèque, et même dans le cas de gage, il conserve la possession *ad usucapionem*. Le créancier a seulement la possession *ad interdicta*. Toutefois le débiteur ne continue à posséder *ad usucapionem* qu'autant que le créancier possède lui-même; car, si ce dernier venait à se dessaisir

(1) L. 36. D., de pign., act. (XIII, 7.)
(2) L. 56, D., de nox. act. IX, § 4.
(3) L. 3 et 4. 4, C., de serv. pignt dat. (VII, 8.)

en faveur d'un tiers, il cesserait d'usucaper (loi 16 et loi 33, § 4, D. de usurp. et usucap). Tels sont les droits que conserve le débiteur.

Les droits du créancier gagiste ou hypothécaire consistent : 1° dans le droit de vente; 2° dans le droit de préférence; 3° et dans le droit de suite.

Droit de vente. — Le droit qui résulte du but même de l'hypothèque, et qui, par conséquent, compète au créancier hypothécaire sans convention formelle, consiste dans la faculté de vendre le gage, afin de se payer sur le prix, dans le cas où il ne serait pas complètement satisfait par le débiteur au terme fixé. Ce droit d'aliéner pouvait être subordonné à certaines conditions, mais il ne pouvait être enlevé entièrement au créancier gagiste. Une telle clause n'était pourtant pas dépourvue de tout effet. Justinien avait ordonné qu'on l'interprétât en ce sens que le créancier serait obligé de faire trois dénonciations au débiteur, au lieu d'une seule qui était exigée. Réciproquement, l'autorisation de vendre, insérée dans l'acte même, dispensait le créancier de toute dénonciation (1).

La vente du gage peut être faite : 1° par l'autorité du magistrat lorsque le gage a été saisi sur le débiteur en vertu de son autorité et, dans ce cas, la vente ne peut avoir lieu que deux mois après la saisie ; 2° par le créancier lui-même, dans les autres cas, aussitôt que la dette était échue, sans que le paiement ait été fait. Mais alors l'intention de vendre dans le cas où la chose ne serait pas dégagée, devait être formellement dénoncée au débiteur. Dans le prin-

(1) Schilling, p. 75, trad. de M. Pellat.

cipe, il fallait trois dénonciations ; Justinien se contenta d'une seule, mais il exigea qu'on laissât passer un délai de deux ans avant de procéder à la vente. Ni le créancier, ni le débiteur n'avaient le droit de se porter acquéreur ; on craignait qu'ils ne se trouvassent ainsi placés entre leur devoir et leurs intérêts. Cependant, si aucun acheteur ne se présentait, le créancier avait la faculté de se faire attribuer la chose en remplissant certaines formalités qui ne rentrent pas dans le plan que nous nous sommes tracé.

Ce droit de faire vendre n'est pas dans le droit romain, comme dans le droit moderne, un droit commun à tous les créanciers quelconques ; il est bien la conséquence du gage et de l'hypothèque, car le droit civil, sauf de rares exceptions, ne donnait de moyens de contrainte au créancier que contre la personne et non contre les biens du débiteur ; et ceux qu'introduisit plus tard le préteur différaient encore beaucoup du droit de faire vendre accordé au créancier gagiste.

La vente de la chose hypothéquée ne pouvait être poursuivie que par le premier créancier ; lui seul avait droit de se rendre juge de l'opportunité de la vente. On comprend combien la négligence de ce créancier, qui, le plus souvent, était sûr d'être payé dans les circonstances de vente les plus défavorables, pouvait faire de tort aux créanciers postérieurs. C'est à ce danger qu'obviait le *jus offerendæ pecuniæ*, qui permettait aux créanciers de rembourser le premier créancier et de se substituer à ses droits. Celui qui avait ainsi payé devenait le maître de la situation : il choisissait le moment favorable, sauf à être contraint à son tour de céder son rang au moyen d'un remboursement intégral.

2° *Droit de préférence.* — Lorsque plusieurs droits de gage de différents créanciers concourent sur la même chose, le rang à fixer entre eux ou la priorité est d'une grande importance. En effet, le créancier, qui vient le premier, peut obtenir son entier paiement sur le prix du gage, quand même il ne devrait rien rester pour les créanciers postérieurs ou moins favorisés, et il a, en général, le plein exercice des droits que confère le gage, même contre le créancier gagiste postérieur. C'est ainsi qu'il peut lui demander la chose hypothéquée, l'aliéner sans son consentement et même anéantir son droit de gage par cette aliénation.

Les principales règles à observer pour déterminer le rang des créanciers hypothécaires entre eux sont au nombre de trois :

1° L'hypothèque qui jouit d'un droit particulier de préférence (hypothèque privilégiée) passe avant la simple hypothèque, quand même celle-ci aurait pris naissance plus tôt ou en même temps.

2° Entre hypothèques privilégiées, l'ordre résulte de la nature même de la créance.

3° Entre hypothèques simples, la priorité du rang résulte de la priorité de l'hypothèque.

Nous n'entrerons pas dans l'examen des questions qui pouvaient se présenter relativement à ce concours ; elles sont étrangères à notre titre. Deux d'entre elles cependant se rattachent à des hypothèses qui rentrent dans notre cadre : c'est d'abord la loi 10 qui suppose qu'une même chose a été hypothéquée en même temps à deux créanciers et préfère celui qui est en possession. Nous la retrouverons en traitant de l'action hypothécaire. — C'est, en second lieu, la loi 16, § 8, qui, prévoyant le cas où le même débiteur a hypothèque à un premier créancier une chose, dont il n'était pas propriétaire, puis à un second, après en être devenu propriétaire, donne la préférence au premier. Nous avons étudié cette dernière loi en examinant si la constitution d'hypothèque de la chose d'autrui devient valable au moyen de l'acquisition par le débiteur de la propriété du gage.

3° *Droit de suite.* — Ce droit peut être exercé par le créancier gagiste au moyen de l'action hypothécaire contre tout tiers détenteur de la chose hypothéquée. Le détenteur ne peut se soustraire à cette action qu'en désintéressant le créancier ou en abandonnant l'objet donné en gage. Nous traiterons du droit de suite plus en détail en parlant de l'action hypothécaire.

§ 2. — DES ACTIONS EN MATIÈRE DE GAGE ET D'HYPOTHÈQUE.

Parmi ces actions, les unes sont relatives au gage, envisagé comme contrat, les autres au gage, envisagé comme droit réel.

Les premières sont des actions personnelles, naissant du contrat de gage et ayant pour but l'exécution des obligations réciproques du créancier et du débiteur. Cette action personnelle est directe ou contraire.

L'action directe appartient à celui qui a constitué le gage pour se faire remettre en possession de son gage. Elle ne peut être exercée que quand le créancier qui a reçu cette sûreté est payé en capital et intérêts (1).

(1) Loi 23, pr., dig. de pign. et hyp.

L'action contraire est donnée au créancier gagiste toutes les fois que, d'après la bonne foi, il a droit à une indemnité ; s'il a fait des dépenses nécessaires, ou bien si la chose donnée en gage est vicieuse et lui a porté préjudice.

Les actions résultant du droit de gage, comme droit réel, sont les actions *servienne* et *quasi-servienne*.

La première n'était originairement donnée qu'au locateur d'un fonds rural relativement aux choses engagées par le fermier pour sûreté du fermage. Puis cette action fut étendue par analogie, sous le nom de *quasi-serviana*, aux autres cas de constitution de gage, de manière qu'elle compéta à tout créancier poursuivant son paiement sur les choses qui lui ont été engagées ou hypothéquées. On l'appelle alors indifféremment tantôt *hypothecaria*, tantôt *quasi serviana*, tantôt *pigneratitia in rem*.

CHAPITRE IV.

ACTION HYPOTHÉCAIRE.

§ 1. — DE SA NATURE ET DE SES CARACTÈRES.

L'action hypothécaire est réelle, prétorienne, arbitraire et indivisible.

Réelle. — C'est-à-dire qu'elle tend à la réclamation d'un droit réel. L'action réelle est celle par laquelle on prétend avoir le droit de disposer d'une chose, d'une manière plus ou moins large, abstraction faite de toute personne.

Prétorienne. — Le préteur recourait en général à deux moyens pour arriver à créer une action dans un cas où le droit civil n'en accordait aucune. Le premier était de rédiger l'intentio de la formule sur une hypothèse fictive ; le second, de poser au juge, non plus une question de droit, mais une question de fait. L'actio *quasi serviana* est conçue *in factum.*

Arbitraire. — L'action est ainsi appelée de l'*arbitrium*, ou faculté accordée au magistrat de faire une prescription (jussus). Si la partie qui a reçu le jussus s'exécute, il n'y a pas de condamnation ; si elle résiste, elle est condamnée par le juge sur l'estimation par serment du demandeur.

Indivisible. — Le principe de l'indivisibilité peut se traduire par la maxime : *est tota in toto et tota in qualibet parte.* Il reçoit son application dans deux cas : celui ou une portion de la créance n'a pas été payée, et celui du morcellement de la chose hypothéquée.

Cette prérogative attachée à l'hypothèque permet, en effet, au créancier, quelque minime que soit la somme qui lui reste due, de conserver la chose entière comme garantie de son remboursement, et si nous supposons deux choses données en hypothèque, le créancier ne peut être tenu de se dessaisir de l'une d'elles avant d'avoir reçu son paiement intégral (1).

L'indivisibilité a une plus grande importance encore, au cas de décès du débiteur. Supposons, en effet, une dette de 100 francs et quatre héritiers. D'après les principes du droit, l'obligation se divisera à leur égard et chacun ne sera tenu que de 25 0|0 ; mais si cette même dette est garantie par une hypothèque, le créancier pourra, sans avoir égard à la division qui s'est opérée, poursuivre l'héritier détenteur de l'objet hypothéqué pour la totalité de la dette. — Ce droit est la conséquence du principe posé par la *loi* 8, § 2, *de pign. act., liv.* 13, *tit.* 7 *au Dig.*, ainsi conçue : « Si » le débiteur est mort, et que l'un des héritiers ait » payé sa part dans la dette, la chose hypothéquée » n'en reste pas moins tenue envers moi pour la tota- » lité, et je pourrai la vendre si je ne suis pas inté- » gralement payé. »

(1) Loi 19, Dig. de pig. et hyp.

On s'est demandé si le principe de l'indivisibilité pouvait aussi être invoqué dans l'hypothèse inverse, c'est-à-dire en supposant que c'est le créancier qui est mort, en laissant plusieurs héritiers dont l'un a été payé pour la part qui lui revenait dans la créance.

A ce sujet, la comparaison de la loi 11, § 4, de pign. act. livr. 13, tit. 7, au Dig. avec la loi I, livr. 8, tit. 2 au Code a donné lieu à une difficulté qui a embarrassé beaucoup d'auteurs. Pour mon compte, je pense qu'il ne faut pas s'arrêter à la solution de la loi 11, parce que très-probablement dans cette loi il ne s'agit pas d'une hypothèque, mais d'un cas où le fonds avait été mancipé au créancier primitif avec la clause de fiducie. Et alors je m'explique facilement la décision donnée : en effet, il y avait eu translation de propriété et chacun des héritiers du créancier n'avait le droit d'aliéner que la portion qui lui revenait. Mais comme il eût été trop dommageable pour eux de les forcer à mettre en vente des portions indivises, on avait décidé que ceux des héritiers qui n'avaient pas touché la part qui leur revenait dans la créance de leur auteur, pourraient rembourser au débiteur ce qu'il avait déjà payé à leurs cohéritiers et acquérir ainsi le droit de vendre en totalité le fonds mancipé.

L'hypothèque est essentiellement indivisible ; et c'est à tort que l'on a prétendu rencontrer une dérogation au principe de son indivisibilité dans la loi 1, au Code (l. 6, tit. 43.)

Cette loi dit, il est vrai, que le légataire qui voudrait se faire payer avant le partage de la succession, ne pourra exercer son hypothèque contre les héritiers, débiteurs du legs, que pour la part dont chacun d'eux est proportionnellement tenu. Mais, je ne vois dans cette disposition que la consécration des principes les plus élémentaires du droit. En effet, il n'en est pas des legs comme des dettes héréditaires : le défunt était tenu de ces dernières en totalité ; les legs au contraire sont une charge qui commence dans la personne des héritiers après la mort du testateur. C'est alors aussi que commence l'hypothèque des légataires ; et comme l'obligation de chaque héritier est une obligation primitive dont personne n'était tenu antérieurement, l'hypothèque se trouve limitée dès son origine au montant de cette obligation. La décision de cette loi première ne déroge donc point à l'indivisibilité de l'hypothèque, et si, en droit français, l'art. 1017 (C. civ.) consacre une théorie toute contraire, cela est regrettable, alors surtout que les législateurs avaient attribué au partage un effet déclaratif.

Quant à la formule, elle était vraisemblablement conçue à peu près de la manière suivante : « Si paret » rem eo tempore quo Aulus Agerius cum Titio de » pignore convenietur, vel postea, in bonis Titii fuisse, » nec soluta sit pecunia aut creditori satisfactum con- » demna. »

Cette intentio a été reconstruite d'après la loi 15, § 1, de pign. et hyp., et la loi 13, § 4, du même titre, au Dig. liv. 20, tit. 1. — Mais nous devons remarquer qu'une telle formule ne pouvait s'appliquer qu'au cas d'une hypothèque conventionnelle, et qu'il en existait sans doute une autre que nous ne connaissons pas et qui se référait aux hypothèques tacites.

§ 2. — A QUI ET CONTRE QUI EST DONNÉE L'ACTION HYPOTHÉCAIRE.

Cette action est indifféremment accordée au créancier hypothécaire et au créancier gagiste. Il n'est cependant pas tout à fait sans intérêt de distinguer si le droit qui lui sert de fondement est une *hypotheca* ou un *pignus* dans le sens strict. En effet, le créancier hypothécaire ne peut exercer son action in rem tant que sa créance n'est pas échue ; le créancier gagiste, au contraire, qui a droit à la possession de la chose, peut, dès qu'il perd cette possession et avant même que sa créance soit exigible, intenter son action in rem contre le tiers détenteur. Cette différence résultant du moment à partir duquel l'action hypothécaire peut être exercée, nous fournit l'explication de deux textes, la loi 13, § 5 et la loi 14, principio, de notre titre, qui semblaient inconciliables.

Il est d'autres différences encore ; c'est ainsi que la même chose peut être successivement hypothéquée à plusieurs créanciers, tandis qu'elle ne peut être donnée en gage qu'à un seul, et que l'hypothèque pouvait être générale ou spéciale, tandis que le gage ne pouvait avoir pour objet une universalité. Mais nous nous contenterons de les signaler et de prouver ainsi que la maxime : « *inter pignus et hypothecam* » *tantum nominis sonus differt* » n'est pas rigoureusement exacte.

L'action hypothécaire est accordée contre le possesseur, quel qu'il soit, du gage, soit celui qui l'a donné ou le débiteur, soit au créancier postérieur, soit au tiers, et l'aliénation qu'aurait faite le débiteur ne peut nuire en rien aux droits du créancier.

Celui qui intente cette action doit prouver, d'une part, son droit de créance (1) et le fait même de la constitution du gage, d'autre part, la circonstance que le défendeur se trouve en possession de la chose engagée, ou y a renoncé de mauvaise foi. Il doit prouver, en outre, quand il agit contre un autre créancier gagiste, son droit de préférence et, quand il attaque un tiers détenteur, le droit qu'avait sur la chose le débiteur au moment de la constitution du gage ; peu importe que ce dernier, en ayant perdu depuis la possession, ait été repoussé dans une action en revendication de sa chose (2). Il faut, toutefois, dans ce dernier cas, que la revendication ait été postérieure à la constitution du gage, autrement le créancier qui agirait contre le détenteur serait repoussé par l'exception de la chose jugée (3).

Cette première preuve faite, à savoir que le constituant avait la chose *in bonis*, le créancier qui a droit à la possession peut agir, comme nous l'avons déjà dit, contre le tiers détenteur avant que le terme fixé pour le payement soit arrivé.

Mais que décider dans l'espèce suivante : « On de- » mande comment le créancier se procurera la chose » hypothéquée qui lui a été adjugée par une sentence ; » car il ne peut pas en revendiquer la propriété. Mais » il peut intenter l'action hypothécaire, et, si le pos-

(1) Loi 17, Dig. de pign. et hyp.
(2) Loi 3, pr. Dig. de pign. et hyp.
(3) Loi 3, § 1, Dig. de pign. et hyp.

» sesseur lui oppose l'exception de la chose jugée, il » répliquera : S'il n'a pas été jugé en ma faveur (1) ».

Ce texte a embarrassé bien des commentateurs, et la principale difficulté est de savoir quelle hypothèse a eue précisément en vue le jurisconsulte. Sur ce point nous trouvons surtout deux opinions entre lesquelles, il nous serait difficile de choisir.

Dans la première, Marcien aurait prévu l'hypothèse suivante : le créancier a agi par l'action hypothécaire ; son droit a été reconnu ; mais le possesseur n'a ni payé, ni rendu la possession au demandeur qui a triomphé. Le créancier n'ayant pas demandé à être mis en possession *manu militari*, le possesseur a été condamné à une somme d'argent, et la question posée est alors celle de savoir si le créancier pourra se faire attribuer la chose adjugée, et, dans ce cas, comment il l'aura.

Bien que ce créancier n'ait pas voulu se faire mettre en possession du gage, il n'a pas entendu, pour cela, y renoncer ; il a voulu plutôt obtenir une condamnation, et conserver son gage jusqu'à parfait paiement. S'il prétend l'obtenir, il agira de nouveau par l'action hypothécaire, et, si le débiteur oppose l'exception *rei judicatæ*, il répliquera. L'intérêt qu'a le débiteur à opposer cette exception se comprend : le premier jugement n'autorisait pas l'emploi de la *manus militaris* et le second jugement que sollicite le créancier l'ordonnera peut-être.

La seconde opinion consiste à supposer l'absolution du défendeur, parce qu'il ne possédait pas. C'est, dit-

(1) Loi 16, § 5. D. de pign. et hyp.

on, seulement dans ce cas qu'il a intérêt à opposer l'exception *rei judicatæ*. Dans la première action, le juge aura déclaré que le droit (*jus pignoris*) appartenait bien au créancier, mais il aura néanmoins absous le défendeur, parce qu'il ne possédait pas, et l'on ne pouvait alors exiger de lui qu'il restituât. Si postérieurement il a acquis la possession et s'il vient à être poursuivi de nouveau, il ne pourra opposer l'exception *rei judicatæ*, car s'il a été jugé une première fois qu'il ne possédait pas, il a été également jugé que le créancier avait un droit d'hypothèque, et, en vertu de cette partie du jugement, le créancier répliquera.

Si un débiteur a engagé une chose à deux créanciers en même temps, de manière qu'elle soit obligée à chacun d'eux pour la totalité, chacun pourra exercer pour le tout l'action servienne contre les étrangers. Mais si la contestation s'élève entre eux, la condition de celui qui possèdera sera la meilleure, car le possesseur aura cette exception : s'il n'a pas été convenu que la même chose me serait aussi engagée. Mais s'il a été entendu que les choses seraient engagées par parties, chaque créancier aura, et contre l'autre créancier, et contre les tiers, l'action servienne utile ; au moyen de laquelle chacun obtiendra la possession de la moitié de la chose (1).

§ 3. — RÉSULTATS DE CETTE ACTION.

L'action hypothécaire a pour but de faire reconnaître le droit de gage et d'obtenir la possession de la

(1) Loi 10 au Dig. de pig. et hyp.

chose engagée. Si le créancier qui intente cette action a prouvé que la chose lui a été engagée, et que, au moment de la constitution, le débiteur l'avait *in bonis*, il ne reste donc plus qu'à savoir si le défendeur la possède. S'il ne la possède plus, et cela sans qu'il y ait eu dol de sa part, il sera absous ; s'il l'a possède et qu'il prenne le parti, soit de la restituer, soit de payer la somme due, il le sera également. Dans le cas où il désirerait la restituer, mais où il se trouverait, à cause de l'éloignement de la chose, dans l'impossibilité de la remettre au créancier, une caution suffira. — S'il a cessé de posséder par dol, et que, malgré tous ses efforts, il lui soit impossible de restituer le gage, il sera condamné à la somme à laquelle le demandeur l'estimera, sous la garantie du serment, comme dans les autres actions réelles ; car s'il n'était condamné qu'au montant de la somme due, à quoi servirait au créancier l'action réelle, puisqu'en intentant l'action personnelle, il obtiendrait le même résultat (1) ?

Cette solution est particulière au tiers détenteur. En effet, l'estimation sera différente si la contestation existe entre le créancier et le débiteur : ce dernier ne pourra jamais être condamné au delà du montant de la créance, en capital et intérêts. Si le débiteur, sur son refus de restituer le gage, a été condamné à tort à payer une somme plus forte que le montant du capital et des intérêts de la dette, dégagera-t-il la chose hypothéquée en payant simplement ce qu'il devait ? Je n'approuverais point cet avis, en m'en rapportant

(1) Loi 16, § 3. D. de pign. et hyp.

à la rigueur des principes et à l'autorité de la sentence ; car tout paraît ramené aujourd'hui à la condamnation, et c'est le montant de cette condamnation qui est dû dorénavant. Mais il est plus équitable que le débiteur libère la chose hypothéquée en payant seulement ce qu'il doit véritablement (1).

Il nous reste à parler de l'hypothèse où le débiteur, sans avoir cessé de posséder le gage, lui a fait perdre de sa valeur. Un maître a mis aux fers, pour une faute très légère, un esclave qu'il avait hypothéqué, puis il l'a délivré. Comme il ne payait pas sa dette, le créancier fit vendre l'esclave, mais n'en obtint, à cause du châtiment qu'il avait subi, qu'un prix bien inférieur à sa valeur réelle. Aura-t-il alors contre le débiteur quelque action particulière pour obtenir ce qu'il n'aura pas recouvré de sa créance? Il me semble que ce créancier méritera l'attention et l'assistance du préteur. Il faudra toutefois examiner si la punition a été juste ou injuste; car, dans le premier cas, le possesseur ne sera pas en faute (2).

Il pouvait se faire que le gage fût inférieur à la dette, et qu'il fût nécessaire d'ajouter les fruits pour rendre la garantie complète. Dans ce cas, ils devaient entrer en compte ; le juge avait mission de prononcer sur ceux perçus par le possesseur de la chose engagée et devait en ordonner la restitution.

Mais parmi ces fruits, les uns ont été perçus après la *litis contestatio*, d'autres l'ont été avant, tous doivent-ils être compris indifféremment dans la restitution. Les premiers ne donnent lieu à aucune difficulté ; les au-

(1) Loi 16, § 6, de pign. et hyp.
(2) Loi 27, Dig., de pign. et hyp.

tres, au contraire, ont soulevé une question vivement discutée, celle de savoir si le juge peut ordonner la restitution de ces fruits, lorsqu'ils n'ont point été consommés.

Pour moi, je n'admets pas cette restitution. En effet, le sort des fruits perçus avant la litis contestatio doit être différent de celui du fonds. Que le créancier revendique le fonds, je le comprends, puisque le débiteur en était propriétaire au moment de la constitution de l'hypothèque, et que, si depuis il l'a aliéné, ce fonds n'a pu passer dans le patrimoine du tiers détenteur qu'avec les droits réels qui le grevaient. Mais les fruits perçus avant la litis contestatio, — à quel titre le créancier pourrait-il les réclamer, puisqu'ils n'ont jamais appartenu au débiteur, et que dès lors ils n'ont pu être soumis au gage. Que, lors de la constitution, ils aient été engagés comme chose future, je l'admets, mais l'hypothèque ne devait les frapper que lorsqu'ils entreraient dans le patrimoine du débiteur, et précisément ils n'y sont jamais entrés (1).

Nous trouvons dans notre titre, loi 1re, § 2, un fragment de Papinien qui a rapport à cette question et dont voici la traduction : « Au moment où le fonds » était donné en gage, il a été convenu expressément » que les fruits aussi seraient engagés. L'acheteur de » bonne foi ne sera point forcé par l'action servienne » à restituer ces fruits, s'il les a consommés. Car on » décide que le droit de gage n'est point détruit par » l'usucapion, parce que la question du gage est dis» tincte de celle de la propriété. Il en est autrement

(1) Loi 29, § 2, de pign. et hyp.

» pour les fruits qui n'ont jamais été au débiteur. »

Ce texte, il faut en convenir, n'est pas d'une grande clarté, et les commentateurs qui, en donnant sur la question que nous avons posée la même solution que nous, ont admis le fragment de Papinien, sans le modifier, ne se sont pas aperçus de la contradiction de leur raisonnement. En effet, de deux choses l'une : ou les fruits n'ont jamais appartenu au débiteur, ou ils lui ont appartenu ; or, admettre le texte, c'est admettre que les deux effets ont pu se produire. En effet, Papinien déclare d'abord que le possesseur de bonne foi acquiert les fruits en les consommant ; c'est donc reconnaître que jusque-là ils ont appartenu au débiteur ; et cependant, plus loin, pour soustraire ces mêmes fruits à la constitution de gage, il affirme qu'ils n'ont jamais appartenu au débiteur.

C'est en présence d'une contradiction aussi flagrante que plusieurs commentateurs ont pensé que le texte de Papinien ne nous était pas parvenu intact. Selon leur opinion, Papinien et les jurisconsultes de l'époque classique ne faisaient aucune distinction entre les fruits consommés et ceux non consommés. Cette distinction résulte d'une interpolation de Tribonien, ayant pour but de mettre la loi 1, § 2 *de pign.* d'accord avec le droit du Bas-Empire, qui exigeait que les fruits eussent été consommés. Ceci admis, le texte ne présente plus de difficultés. Les fruits ne pouvaient être hypothéqués qu'autant qu'ils deviendraient la propriété du débiteur, et ils n'ont jamais appartenu à ce dernier. Leur séparation du sol en a transféré la propriété au possesseur, et, malgré la convention intervenue entre le débiteur et le créancier, l'hypothèque ne peut les atteindre.

§ 4. — EXCEPTIONS A L'ACTION HYPOTHÉCAIRE.

L'action hypothécaire, en principe, pouvait triompher contre tout possesseur ; néanmoins, le créancier, bien qu'il eût fait toutes les preuves que nous avons indiquées, pouvait être repoussé par une exception :

1° Quand le défendeur avait une hypothèque préférable, parce qu'elle était antérieure à celle du demandeur (1).

2° Quand le défendeur était un tiers-détenteur, qui n'était pas tenu personnellement de la dette. En effet, Justinien, dans sa Novelle 4, con 2, mentionne, en faveur du tiers détenteur, une exception qui lui permettait d'exiger que le créancier discutât, c'est-à-dire fît vendre préalablement les biens du débiteur, de ses héritiers ou de ses garants. C'était là ce que l'on appelait le *bénéfice de discussion personnelle*.

3° Quand le débiteur avait consenti au même créancier une hypothèque générale et une hypothèque spéciale, il y avait lieu *au bénéfice de discussion réelle*. Le tiers détenteur des biens affectés d'une manière générale pouvait renvoyer les créanciers discuter les biens spécialement affectés (2).

4° Quand le tiers détenteur avait amélioré le fonds. Cette exception résultant des impenses est mentionnée dans la loi 29, § 2, de notre titre qui est ainsi conçue : « Domus pignori data exusta est, eamque

(1) Loi 12. — Qui potiores.
(2) Loi 2, Code, de pign. et hyp.

» aleam emit Lucius Titius et extruxit. Quæsitum est de » jure pignoris. Paulus respondit, pignoris persecutionem perseverare, et ideo jus soli superficiem secutum videri, id est cum jure pignoris; sed bona fide » possessores non aliter cogendos creditoribus ædificium restituere, quam sumtus in exstructione erogatos, quatenus pretiosior res facta est, reciperent. »

Le principe de cette exception est donc formellement reconnu, par ce premier texte, tandis qu'il semble contesté par la *loi 44*, § 1, *de damno infecto*, où nous lisons : « Damni infecti nomine in possessionem missus, possidendo dominium cepit : deinde » creditor eas ædes pignori sibi obligatas persequi » vult. Non sine ratione dicetur nisi impensas quas » in refectionem fecerim, mihi præstare sit paratus » inhibendam adversus me persecutionem. Cur ergo » non emptori quoque id tribuendum est si forte quis » insulam pignoratam emerit? Non recte hæc inter se » comparabuntur, quando is qui emit sua volontate » negotium gerat, ideoque diligentius a venditore » sibi carere et possit et debeat : quod non æque » et de eo cui damni infecti non promittatur, dici » potest. »

On a cherché à concilier ces deux textes, et, pour y arriver, on a dit que ces lois ne pouvaient se contredire parce qu'elles n'avaient pas le même objet. Que la première accordait au tiers détenteur le droit de réclamer les impenses au créancier, mais que ces impenses étaient celles faites *in extructione quatenus res pretiosior facta est ;* tandis que le second texte, qui refusait ce même droit au tiers détenteur, n'avait en vue que les impenses faites *in refectione*.

Quant à moi, je ne saurais admettre un système

qui ne repose que sur une distinction arbitraire. Comment expliquer, du reste, que celui qui aurait fait des réparations nécessaires, sauvé l'immeuble d'une ruine imminente, sera dans une position moins favorable que celui qui a construit. — Je pense qu'il faut simplement voir dans la loi 29, qui est de beaucoup postérieure à la loi 44, une innovation résultant de la marche des idées, et admettre que le tiers détenteur a droit aux impenses nécessaires et aux impenses utiles jusqu'à concurrence de la plus-value.

5° Quand il y avait eu cession d'actions (1).

6° Enfin quand il y avait prescription. — Dans le principe, l'action hypothécaire était imprescriptible. Théodose introduisit cette prescription dans l'intérêt des tiers et la fixa à 30 ans ; dans la suite il fut admis que le débiteur lui-même pourrait, par un délai de 40 ans, prescrire la libération de l'hypothèque.

§ 5. — INTERDITS EN MATIÈRE DE GAGE ET D'HYPOTHÈQUE.

Outre les voies pétitoires, certaines voies possessoires sont encore ouvertes au créancier gagiste. Tels sont :

1° Les interdits ordinaires *retinendæ et recuperandæ possessionis*, pour le maintien ou le recouvrement de la possession de la chose engagée.

2° Le *Salvianum interdictum*, qui est un *adipiscendæ possessionis* interdictum. Il n'appartient qu'au locateur d'un fonds rural pour obtenir la possession

(1) Loi 19, au Dig. qui pot.

des choses que le fermier lui a engagées conventionnellement pour le fermage, et non pas seulement contre le fermier lui-même, mais encore contre tout tiers détenteur de ces choses. Il est aussi employé comme *utile interdictum* pour obtenir la possession des produits qui se sont détachés de la chose engagée chez le tiers possesseur.

DROIT FRANÇAIS.

INNOVATIONS APPORTÉES AU RÉGIME HYPOTHÉCAIRE,

QUANT A L'INSCRIPTION DES PRIVILÈGES ET DES HYPOTHÈQUES

PAR LE RÉTABLISSEMENT DE LA TRANSCRIPTION

(Loi du 23 Mars 1855, Art. 6).

La légitime confiance que nous avons dans nos lois civiles, la juste admiration qui les entoure, doivent les protéger contre des atteintes téméraires et inconsidérées. Mais, en revanche, si les changements proposés présentent les caractères d'une utilité frappante et d'une opportunité incontestable ; si la théorie et la pratique signalent ensemble le vice de la loi et en demandent la correction, le législateur ne doit pas reculer devant une innovation, alors surtout que respectant les dispositions de notre Code, elle n'est destinée qu'à combler des lacunes, à satisfaire des besoins depuis longtemps proclamés et à parer à des dangers universellement reconnus. Compléter, ce n'est pas détruire.

Tels ont été les motifs, tel a été le but de la loi du 23 mars 1855.

La mise en pratique du Code avait fait naître plus d'un mécompte, et parmi les vices de notre régime hypothécaire signalés par nos plus éminents jurisconsultes, il en était un, la clandestinité de la propriété, sur lequel il n'y avait ni dissentiment, ni désaccord.

En effet, dans un pays comme la France, où la publicité avait pénétré partout, comme base de la confiance des gouvernés dans les gouvernants, la raison publique ne savait plus comprendre comment la confiance entre particuliers pouvait reposer sur la clandestinité dans les affaires privées; tout le monde reconnaissait que la publicité doit être la base de l'établissement de la propriété, aussi bien que celle d'un bon régime hypothécaire.

Telle est la réforme qu'a introduite la loi que nous avons à étudier. En rétablissant la transcription, elle a porté la lumière partout où la sûreté des transactions la réclamait; elle a consolidé le crédit que la clandestinité des mutations immobilières avait frappé au cœur. Désormais, comme on l'a dit à la Chambre, lors de la discussion du projet, l'état civil de la propriété devait avoir ses registres comme l'état civil des personnes; son existence devait être toujours connue, toujours suivie dans toutes les mains par où elle passerait (1). Et pour tant d'heureux résultats, il n'a pas été nécessaire de heurter l'esprit ou le texte de notre Code. Loin d'en rompre l'harmonie ou la concordance, loin d'en troubler les principes, il semble, au con-

(1) Rapport de M. de Belleyme.

traire, qu'elle y était attendue et que sa place y était marquée d'avance. L'harmonie de la loi resta donc entière ; c'est un vide qui s'est trouvé comblé, sans qu'il y ait eu à changer un seul mot ou un seul article.

La loi du 23 mars 1855 touche à des matières qui se rattachent à toutes les branches de notre droit ; mais quelque nombreuses que soient ses dispositions, elles peuvent, je crois, se ramener toutes aux deux divisions suivantes :

1° Introduction de la publicité de la propriété ;

2° Modifications de la publicité des priviléges et hypothèques.

Les limites dans lesquelles nous devions nous renfermer ne nous ont point permis d'étudier la loi dans son ensemble, et nous avons dû nous contenter de prendre pour sujet de notre travail quelques-uns des effets de la transcription, ceux relatifs aux priviléges et aux hypothèques.

Pour suivre une marche méthodique, et pour faire ressortir les transformations successives de notre législation, il nous a paru nécessaire d'examiner rapidement chacune des phases qu'elle a présentées. Nous arriverons ainsi aux règles qui nous régissent aujourd'hui, et l'aperçu historique dont nous les aurons fait précéder, nous démontrera l'urgente nécessité de la transcription et des innovations que son apparition devait nécessairement apporter au régime hypothécaire de notre Code.

§ 1. — DROIT ANCIEN.

L'origine de la législation protectrice de l'intérêt des tiers remonte à notre ancien droit ; en effet, dans le dernier état de notre ancienne jurisprudence, tandis que l'on suivait généralement, pour la transmission de la propriété immobilière, les principes du droit romain sur la tradition, et que la plupart des coutumes de France foulaient ainsi aux pieds l'intérêt des tiers, en ne leur donnant aucun moyen d'étayer leur confiance, les pays du nantissement inauguraient timidement l'ère de la publicité. La transmission de la propriété immobilière était soumise dans ces provinces à l'accomplissement de certaines formalités qui peuvent se ramener à deux points principaux : investiture donnée par l'autorité compétente, enregistrement de l'acte d'investiture au greffe des juges qui l'avaient reçue. Cette investiture porte différents noms, *vest* et *devest*, *devoirs de loi saisine* et *dessaisine*, etc., et l'on désigne par l'expression générique de *nantissement* l'ensemble et le résultat des formalités dont nous venons de parler. Un acheteur qui avait accompli ces formalités ne craignait pas d'être évincé par une personne à qui le même immeuble aurait été vendu antérieurement, et dont la vente aurait été tenue secrète ; la propriété se transmettait ou s'engageait avec une pleine sécurité au profit de ceux qui, comme acheteurs ou comme prêteurs, se *dessaisinaient* de leur argent.

La pensée dont était sortie toute cette institution

ne fut autre qu'une pensée formaliste. Les idées de crédit et de stabilité de la propriété immobilière ont dû être, à peu près, étrangères à la formation de ce système. Mais ces idées nouvelles se développant peu à peu, on comprit l'importance de cette publicité matérielle exigée pour déplacer la propriété foncière, et une institution formaliste dans son principe devint, de cette manière, l'auxiliaire du crédit.

§ 2. — DROIT INTERMÉDIAIRE.

Ainsi comprise, cette institution devait survivre à l'ancien régime, et l'Assemblée constituante, tout en détruisant les restes de la féodalité et en supprimant les solennités du nantissement, ne voulut pas, par haine pour la forme et l'origine, supprimer une institution bonne en soi ; elle la maintint, en remplaçant le nantissement par une formalité plus simple et aussi efficace au point de vue de la publicité.

En effet, une loi du 19 septembre 1790 institua la transcription en déclarant :

Art. 3. « Qu'à compter du jour où les tribunaux de » district seront installés dans les pays de nantissement, les formalités de saisine, dessaisine, deshéritance, vest, devest, reconnaissance échevinale, » mise de fait, main assise, plainte à la loi et généralement toutes celles qui tiennent au nantissement » féodal ou censuel, seront et demeureront abolies ; » et jusqu'à ce qu'il en ait été autrement ordonné, la » transmission des grosses des contrats *d'aliénation* » ou *d'hypothèque* en tiendra lieu et suffira, en con-

» séquence, pour consommer les aliénations et les » constitutions d'hypothèques ; etc. »

Cette disposition était toute locale ; elle ne s'appliquait qu'aux pays de nantissement. Le reste de la France conserva sa jurisprudence, et la tradition, avec les fictions, y resta, comme la seule condition extérieure de la translation de la propriété, jusqu'à la loi du 11 brumaire, an VII.

Dans l'intervalle, une réforme fut tentée ; la loi du 9 messidor, an III, dans le but chimérique de faire de la propriété une monnaie courante, donna une large publicité aux droits réels. Cette loi, séduisante en théorie, mais impossible en pratique, puisqu'elle voulait rendre mobile ce qui, de son essence, ne peut se mouvoir, n'eut d'autre résultat que de ruiner le crédit foncier.

La loi du 11 brumaire, an VII, fut donc la première qui fonda le régime hypothécaire sur ses véritables bases, et étendit à la France entière le système de la transcription que la loi du 19 septembre 1790 avait inauguré dans les pays de nantissement.

Pour consolider le crédit foncier, la marche logique était de fournir au public les moyens de connaître les véritables propriétaires du sol, et, comme conséquence, de rendre publiques les charges qui grevaient chaque propriété, l'usufruit, les servitudes, les hypothèques enfin.

Telle ne fut pas la marche que suivit le législateur. Au lieu de se placer à un point de vue général autour duquel seraient venus se grouper tous les droits réels, il se plaça à un point de vue restreint : il n'envisagea que l'hypothèque, et trouvant que là était le nerf du crédit, il ne s'occupa que d'elle.

Ce qui devait être son point de départ ne fut pour lui qu'une conséquence ; il nous suffira, en effet, de prendre une idée sommaire du mécanisme de cette loi pour nous convaincre que le but principal du législateur était la publicité de l'hypothèque, et que s'il a traité de la publicité de la propriété, ce ne fut que dans ses rapports avec le droit hypothécaire et pour obéir aux exigences de la logique.

Ainsi, dès ses premiers articles, elle nous donne la définition de l'hypothèque et celle du privilége, et elle attribue un rang à chacun, en cas de concours, puis elle passe à l'énumération des personnes qui peuvent les consentir, et à celle des biens qui en sont susceptibles ; elle étudie leurs effets, et arrivée aux conditions exigées pour qu'ils puissent avoir lieu, elle inaugure la publicité en matière hypothécaire, en proclamant ce principe « que l'hypothèque, quelle » que soit sa nature, ne prendra rang, et que les pri- » viléges sur les immeubles n'auront d'effet que par » leur inscription dans des registres publics à ce des- » tinés. » Dès lors la valeur de l'hypothèque étant subordonnée à son inscription, on peut dire avec raison que, jusqu'à ce qu'elle soit inscrite, elle n'est, à proprement parler, qu'un droit purement nominal, *vanum et inane jus*, une simple apparence, *umbra*, ou un acte destitué de tout principe de vie, *corpus sine anima.*

Grâce à ce système nouveau, le public ne pouvait plus redouter les surprises, car elles étaient désormais impossibles, à moins d'incurie de sa part. Ainsi, avais-je besoin d'argent, le capitaliste à qui j'en demandais et qui ne consentait à m'en prêter qu'autant que je garantissais sa créance par un droit réel sur mes immeubles, pouvait s'assurer, en parcourant les registres, que ma propriété n'était pas déjà grevée de droits réels de nature semblable à celui qu'il demandait et qui eussent primé le sien en vertu de la règle : *potior tempore, potior jure.*

Assurément, c'était là une précieuse garantie. Mais elle ne suffisait pas. Il en fallait une autre, car le concours de créanciers n'était pas le seul danger que le prêteur avait à redouter : jusqu'ici, en effet, nous avons supposé que moi, l'emprunteur, qui offrais hypothèque, j'étais le véritable propriétaire de l'immeuble que je voulais grever. Mais le contraire pouvait arriver ; il pouvait se faire qu'après que j'avais engagé tout mon bien, on vînt à reconnaître que je n'étais qu'un stellionataire, en un mot, que l'immeuble engagé ne m'appartenait pas. Et alors le prêteur prudent, qui ne s'était séparé de ses capitaux qu'après avoir obtenu une hypothèque et s'être assuré de sa valeur, en compulsant minutieusement les registres, devenait victime d'une fraude inévitable.

Les rédacteurs de la loi de brumaire aperçurent ce nouveau danger, et, mieux inspirés que ne devaient l'être les rédacteurs du Code, ils l'évitèrent. Le législateur d'alors comprit que l'hypothèque n'était une garantie sérieuse qu'à deux conditions, mais toutes deux essentielles : la première, que celui auquel on offrait une hypothèque pût s'assurer que le démembrement de propriété qu'on lui offrait était bien disponible ; la seconde, qu'il pût s'assurer qu'il lui était offert par quelqu'un qui avait le droit d'en disposer, par le véritable propriétaire. C'est ainsi que, voulant donner au public le moyen de savoir par lui-même si tel bien susceptible d'hypothèques n'était pas déjà grevé de semblables droits, il fut entraîné, par la force irrésistible de la logique, à fournir en même temps à la société le moyen de savoir par elle-même, si celui qui hypothéquait son bien, et consentait ainsi à démembrer sa propriété, en était bien le propriétaire.

Il voulut donc que la publicité pénétrât dans la constitution de la propriété, comme elle avait pénétré dans la constitution d'hypothèque ; il voulut que les tiers pussent dire avec certitude : c'est un tel qui est propriétaire du champ que voilà. Pour atteindre cette publicité, il inaugura la transcription de la propriété en déclarant : « que les actes translatifs de biens et » droits susceptibles d'hypothèques doivent être trans» crits sur les registres du bureau de la conservation » des hypothèques, dans l'arrondissement duquel les » biens sont situés. »

« Jusque-là, ils ne peuvent être opposés aux tiers » qui auraient contracté avec le vendeur et qui se » seraient conformés aux dispositions de la présente » loi. »

Puis, plus loin, dans l'art. 28, elle ajoutait : « la » transcription prescrite par l'art. 26 transmet à l'ac» quéreur les droits que le vendeur avait à la pro» priété de l'immeuble, mais avec les dettes et hypo» thèques dont cet immeuble est grevé. »

L'acquéreur qui voudra débarrasser sa propriété de ces entraves, devra d'abord s'adresser au conservateur pour avoir de lui l'état exact des charges qui pèsent sur son immeuble, et si le conservateur omet dans son certificat une ou quelques-unes de ces charges, l'immeuble n'en demeurera pas moins affranchi entre les mains du nouveau possesseur, pourvu qu'il ait requis le certificat depuis la transcription de son titre. Cette transcription faisant seule passer la propriété aux mains de l'acquéreur, et les créanciers du vendeur ayant le droit d'inscrire leurs hypothèques jusqu'au moment de cette translation, il s'en suivait que la transcription du titre de vente arrêtait seule le cours des inscriptions et qu'elle se trouvait ainsi le préliminaire indispensable d'une procédure de purge.

§ 3. — CODE NAPOLÉON.

En étudiant la marche qu'avait suivie le législateur de l'an VII, et en démontrant la corrélation nécessaire qui existe entre la publicité de l'hypothèque et la publicité de la propriété, nous avons fait entrevoir toute l'anomalie que présenterait une loi qui détruirait l'une de ces publicités, tout en maintenant l'autre. Cette anomalie, notre Code, tout parfait qu'il est, devait la présenter. En effet, lors de sa rédaction, le principe de la publicité, si juste, si moral, si logique, fut remis en question et livré aux attaques passionnées d'une ligue formée pour l'étouffer. Il triompha, il est vrai, mais, si la discussion aboutit à son avantage, il n'en sortit qu'amoindri, mutilé et méconnaissable. La publicité des hypothèques fut restreinte par un esprit de transaction qui, sous prétexte de protéger le patrimoine des incapables, dispensa leurs hypothèques légales de toute inscription. La publicité de la propriété, malgré son triomphe, disparut complètement. Par suite de quelle omission ou de quel malentendu? là n'est pas la question que nous avons à étudier ; il nous suffira de constater les conséquences de cette disparition.

Le régime hypothécaire, qui avait été organisé sur une large publicité, manqua tout à coup de base. Rien ne révélait plus, en effet, d'une manière certaine et publique, quel était le propriétaire d'un immeuble ; il n'existait plus de moyen de s'assurer de la vérité à cet égard, et en traitant avec celui qui avait toutes les apparences du droit de propriété, on n'était plus sûr de traiter avec le véritable propriétaire. La disparition de la transcription destinée à faire connaître aux tiers les mutations de propriété, et à donner effet, vis-à-vis d'eux, aux acquisitions, exposait le possesseur à se voir enlever par des acquéreurs plus anciens, mais forcément inconnus de lui, l'immeuble qui servait de siége à l'hypothèque : la revendication de cet immeuble faisait donc tomber l'hypothèque, et le prêteur qui avait cru avoir une garantie suffisante, devenait simple créancier personnel.

Ce n'était pas tout encore. En supposant même que le débiteur fût réellement propriétaire de l'immeuble offert en gage, le créancier n'avait pas une garantie complète ; ce débiteur avait pu diminuer la valeur actuelle de l'immeuble par une concession d'usufruit ou de toute autre servitude qu'il avait laissé ignorer à son créancier ; et lorsque celui-ci se présentait à l'effet de saisir l'immeuble, l'acquéreur de la servitude s'opposait à la poursuite en ce qui concernait son droit, et privait ainsi l'hypothèque de ce qui, parfois, faisait sa valeur principale.

Contre d'aussi sérieux dangers, le code restait impuissant. De là, le discrédit de la propriété foncière ; on consentait difficilement à acquérir un droit de propriété ou un démembrement de ce droit d'un individu qui se présentait comme propriétaire, mais dont on ne pouvait pas contrôler la véracité. Les droits réels qui avaient des immeubles pour objet n'avaient donc que peu de faveur ; l'hypothèque elle-même, malgré les efforts que l'on avait tentés pour en faire une garantie sérieuse, malgré les précautions que l'on avait prises pour avertir tout le monde de son existence, et pour mettre les prêteurs en garde contre une apparente solvabilité, l'hypothèque elle-même n'était plus qu'un vain gage.

Le principe que la propriété ne se transfère à l'égard des tiers que par la transcription de l'acte d'aliénation ayant été maintenu par le Code pour les mutations à titre gratuit, et abandonné pour les mutations à titre onéreux, il en est résulté, sur l'époque à partir de laquelle une inscription ne peut plus être utilement prise en vertu de la règle : « l'aliénation » d'un immeuble arrête le cours des inscriptions et » en clôt la liste, » il en est résulté, dis-je, des variations qui correspondaient à celles produites dans les conditions exigées pour la mutation de propriété. Ainsi, en règle générale, dans le cas de mutation à titre gratuit, la transcription du titre de l'acquéreur ferma seule, comme sous la loi de brumaire, le délai après lequel aucune inscription ne peut plus être prise. Dans le cas de mutation à titre onéreux, le délai se trouva clos dès le jour même de la passation de l'acte qui, par lui-même et par lui seul, avait opéré la mutation de propriété.

Le délai assigné pour prendre inscription subit bientôt de nouveaux changements. Le système inauguré par le Code ne présentait pas seulement de grands dangers dans l'ordre privé ; il n'était pas moins funeste aux finances de l'Etat ; aussi le Gouvernement, cédant aux plaintes de la régie, revint-il sur ce qui avait été fait. Mais, au lieu d'aborder franchement la question, on glissa dans deux articles du Code de procédure, à la rédaction duquel on travaillait alors, les dispositions dont on avait besoin. En effet, aux termes des articles 834 et 835 de ce Code, les inscriptions peuvent être utilement prises même après la transcription de l'acte d'aliénation, pourvu qu'elles le soient dans les quinze jours qui la suivent. Ainsi, en ce qui touche les créanciers hypothécaires ou priviligiés non inscrits au moment de la donation ou de la vente, l'immeuble donné ou vendu demeure, tant que cette quinzaine n'est pas écoulée, dans le patrimoine de leur débiteur. Quant à eux, la mutation de propriété n'a lieu ni à la date de l'acte de donation ou de vente, ni au jour où il a été transcrit, mais au moment où expirent les quinze jours qui suivent la transcription. Les art. 834 et 835 ne rétablissaient la transcription qu'en cas d'aliénation volontaire, et seulement au point de vue des hypothèques, pour l'inscription desquelles elle devint une sorte de mise en demeure. Au point de vue des translations de propriété, aucune importance n'était rendue à cette formalité.

§ 4. — LOI DU 23 MARS 1855.

Le système du Code Napoléon était illogique au premier chef, en exigeant que l'existence d'un démembrement de propriété fût révélé au public par un signe positif et certain, et en n'exigeant pas, avant tout, que l'existence de la propriété entière fût soumise à une éclatante publicité. Le système du Code de procédure n'était pas moins illogique, puisqu'il exigeait la publicité, c'est-à-dire la transcription, vis-à-vis des acquéreurs, d'un certain démembrement de la propriété, l'hypothèque, tandis qu'il ne l'exigeait pas vis-à-vis des acquéreurs de tout autre démembrement de la propriété, ou même de la propriété tout entière. Aussi désirait-on, depuis longtemps, le retour à la loi de brumaire et même une application plus large, dans l'intérêt du crédit foncier, du principe de publicité établi par cette loi, et limité par elle *aux actes translatifs de biens et droits susceptibles d'hypothèques.*

En 1841, le gouvernement s'était occupé de la réalisation de ce vœu. Un projet général de réforme hypothécaire avait été conçu et, à quelques exceptions près, toutes les Cours et les Facultés de droit consultées, avaient demandé le rétablissement, avec plus ou moins d'étendue, du principe consacré par la loi de brumaire. Enfin, en 1850 et 1851 un projet de loi, rédigé dans le même esprit, fut discuté dans le sein de l'Assemblée nationale et eût été infailliblement converti en loi, sans les graves événements qui survinrent, et mirent fin à l'existence politique de cette Assemblée.

C'est de ce projet que l'on a extrait, pour en faire l'objet de la loi du 23 mars 1855, les dispositions relatives à la transcription, et quelques autres qui ne s'y rattachent pas directement, mais qui ont paru des réformes urgentes à réaliser.

La loi du 23 mars 1855, avons-nous dit, est venue

donner pour base à l'établissement de la propriété, aussi bien qu'au régime hypothécaire, la publicité, et comme moyen de l'atteindre, elle a rétabli, en le développant, le système de la loi du 11 brumaire an VII sur les mutations immobilières. Dorénavant, la propriété et ses démembrements, qui, sauf les priviléges et la plupart des hypothèques, se transféraient par le seul effet du consentement, non-seulement entre les parties, mais encore au regard de tous, ne seront plus transférés par le seul accord des volontés qu'entre les parties. Pour qu'à l'égard des tiers ces transmissions soient effectuées, une formalité matérielle sera nécessaire, la transcription.

L'admission de ce principe que la propriété ne se transfère, quant aux tiers, que par le secours et à la date de la transcription de l'acte passé pour la transférer, devait logiquement écarter le système du Code Napoléon sur le terme après lequel il n'est plus permis d'inscrire utilement les priviléges ou les hypothèques. La nécessité de cette modification a été reconnue d'un commun accord. Mais la question de savoir si l'on devait rétablir purement et simplement la loi de brumaire en cette matière, ou conserver, au contraire, le principe admis par les articles 834 et 835 du Code de procédure, fut posée dès 1841 et a donné lieu à de sérieux dissentiments.

Alors que des modifications doivent être apportées à la loi, il est du devoir du législateur de ne négliger aucun moyen de s'éclairer sur l'opportunité de ces modifications, ou sur la solution à donner aux questions graves qui se présentent. Telle solution peut sembler logique et être souverainement injuste, telle loi, séduisante en théorie, peut être déplorable en pratique, et le magistrat, mieux que tout autre, s'inspirant d'une longue expérience, peut signaler les inconvénients que des modifications trop légèrement faites entraîneraient dans l'application de la loi. En un mot, le meilleur moyen de concilier la théorie et la pratique, c'est d'associer à la confection de nos lois, ceux-là mêmes qui doivent les appliquer. M. Martin, du Nord, l'avait bien compris; aussi lors de l'enquête qu'il ouvrit sur les questions qui nous occupent, chacune des Cours fut-elle consultée. Sur la question du délai à accorder pour s'inscrire, toutes ne furent pas du même avis.

La plupart pensèrent (1) qu'alors même qu'à l'exemple de la loi de brumaire, on admettrait que les mutations de la propriété n'ont lieu à l'égard des tiers que par la transcription des actes qui la déplacent, il fallait maintenir, dans l'intérêt des créanciers privilégiés ou hypothécaires de l'aliénateur, le délai de grâce que leur confère l'art. 834 du Code de procédure. Le délai qu'il consacre, disaient-elles, se concilie, en effet, très-bien avec l'esprit et les conséquences de la transcription. A ne consulter que la logique des règles et l'harmonie si désirable entre les diverses parties de la législation, la transcription devrait, sans doute, arrêter par elle-même, et sans délai après elle, le cours des inscriptions; car, puisqu'elle ne laisse plus de place pour la transcription des aliénations antérieures, elle devrait également arrêter le cours des inscriptions des priviléges et des hypothèques antérieurement acquis ou constitués. Mais cette rigueur systématique

(1) V. aux *Documents historiques*, les observations des Cours royales.

dans la déduction des idées est inapplicable à la vérité des faits, et on s'exposerait, en la consacrant, aux plus déplorables injustices. La simultanéité de l'inscription et de l'acte qui constitue l'hypothèque est matériellement impossible ; il faut aux créanciers un certain délai pour se mettre en règle. Le leur refuser, ce serait les livrer à la merci de leur débiteur, puisqu'il dépendrait de lui d'anéantir leur sûreté par une aliénation précipitée et mise à l'abri de leur poursuite par une transcription immédiate. Ce serait favoriser les acquéreurs frauduleux, toujours très-diligents à se mettre en règle. C'est ce qu'une loi sage ne saurait tolérer. Ainsi peuvent se résumer les observations que présentait la Cour de Dijon. D'autres Cours, tout en adoptant le même système et en se fondant sur les mêmes motifs, allaient plus loin encore et proposaient d'étendre la durée du délai de grâce de quinze jours à soixante jours et même à quatre mois.

La Cour de Nancy (1) désirait également protéger les créanciers, et pour arriver à une protection plus efficace, un simple délai de grâce ne lui semblait pas suffisant, elle proposait une extension d'une autre nature. Si, disait elle, la transcription des aliénations avertissait, par elle-même et par elle seule, les créanciers retardataires que le moment est venu de se mettre en règle, on comprendrait qu'on la prît pour point de départ des quinze jours qui leur sont accordés à cet effet ; mais pour qu'elle constituât un avertissement réel, et par suite, une mise en demeure efficace, il faudrait admettre que les créanciers qu'elle

(1) *Docu. histor.* t. 1, p. 748.

est destinée à interpeller vont, de quinzaine en quinzaine, chez le conservateur, compulser ses registres. De telles démarches sont impossibles, et la transcription, qui a tous les éléments d'une publicité parfaite quant aux tiers qui, dans l'avenir, pourront se mettre en relation d'affaires avec l'aliénateur, n'est, en fait, qu'un acte purement matériel et en quelque sorte caché, quant aux créanciers qui antérieurement à l'aliénation, ont acquis des priviléges ou des hypothèques sur l'immeuble aliéné. Là était le danger. Que servirait-il, en effet, d'accorder un délai de grâce aux créanciers, si rien ne venait leur révéler la transcription elle-même, c'est-à-dire le point de départ de ce délai?

Après avoir signalé le mal, la Cour proposait le remède : pour parer à cette sorte de clandestinité de la transcription, elle ajoutait, en effet, qu'il suffirait d'étendre aux créanciers non inscrits le procédé que l'article 2194 du Code Napoléon applique aux femmes, aux mineurs et aux interdits quant à la conservation de leurs hypothèques légales. Le délai après lequel il ne serait plus permis de s'inscrire, ne commencerait ainsi à courir qu'autant qu'après avoir transcrit, l'acquéreur aurait fait afficher au greffe du tribunal et insérer dans un journal un extrait de son titre.

La Faculté de droit de Strasbourg (1), celles de Paris, de Caen; plusieurs Cours, et notamment celle de Paris, adoptèrent le système opposé : l'abrogation pure et simple des articles 834 et 835. Le droit, en vertu duquel les créanciers, dont l'hypothèque est

(1) *Doc. hist.* t. III. p. 440.

restée occulte jusqu'au moment de la transcription de l'aliénation de leur gage, peuvent suivre ce gage entre les mains des tiers acquéreurs et le conserver par une inscription rétroactive, n'est point, dirent-elles, sans inconvénient. Souvent, il écarterait les acheteurs et apporterait un obstacle à la libre circulation des biens.

D'ailleurs, le danger, qui menace les créanciers, n'existe-t-il pas également pour les acquéreurs? Un acheteur ne peut-il pas, lui aussi, se laisser devancer par un acheteur qui, bien que postérieur, réussira, par une extrême diligence, à se mettre en règle le premier? Bien plus, n'en est-il pas de même dans les rapports des créanciers hypothécaires entre eux? Or, si l'on ne concède aux acquéreurs aucun délai pour se mettre en règle ; si l'on admet que, quelque voisine qu'on la suppose de la passation de l'acte qu'elle révèlera, la transcription n'aura point d'effet rétroactif, et qu'ainsi le plus léger retard pourra compromettre le droit de l'acquéreur, par quelle secrète raison placera-t-on l'inscription dans un ordre privilégié et exceptionnel? Accorder aux créanciers hypothécaires un délai qu'on refuse aux acquéreurs, ce serait se montrer inconséquent au premier chef ; car personne n'admettra que la propriété soit moins digne de faveur qu'une simple créance.

Ce dernier système fut adopté ; les articles 834 et 835 ont été abrogés, et remplacés dans la loi nouvelle par l'article 6, ainsi conçu :

« *A partir de la transcription*, les créanciers pri-
» vilégiés ou ayant hypothèque, aux termes des arti-
» cles 2123, 2127 et 2128 du Code Napoléon, ne peu-
» vent prendre utilement inscription sur le précédent
» propriétaire. »

Ainsi, le cours des inscriptions est arrêté, non plus, comme sous le Code Napoléon, par la date de la vente, ou, comme sous le Code de procédure, par l'expiration des quinze jours qui ont suivi la transcription de l'acte de vente, mais, de même que sous la loi du 11 brumaire an VII, par l'effet et à la date de la transcription elle-même.

A côté du principe, on admit une exception en faveur du vendeur et du copartageant :

« Néanmoins, porte le deuxième alinéa de l'art. 6, » le vendeur et le copartageant peuvent utilement » inscrire les priviléges à eux conférés par les articles » 2108 et 2109 du Code Napoléon, dans les quarante-» cinq jours de l'acte de vente ou de partage, nonobs-» tant toute transcription d'actes faits dans ce délai. »

Cette exception fut diversement appréciée ; quelques jurisconsultes n'y ont vu qu'une double anomalie.

« On est touché, disait M. Rigaud, au Corps législatif, de la situation que ferait au vendeur et au copartageant le principe rigoureux qu'on propose d'établir, et afin qu'ils puissent se défendre contre la fraude et sauvegarder leurs droits, on leur accorde un délai pour s'inscrire : rien de mieux, assurément. Mais pourquoi refuser la même protection aux créanciers hypothécaires. Sont-ils moins exposés que le vendeur ou le copartageant? Leurs conditions étant semblables, il ne devrait y avoir qu'un seul et même régime pour tous. »

A cette première objection on a répondu (1) que la différence qu'établit la loi et qu'on lui reproche tient

(1) MM. Rouher et Suin, au Corps législatif.

à la différence même des situations, car tandis que le créancier hypothécaire peut, même en l'absence de tout délai légal pour s'inscire, se préserver de tout dommage, en gardant ses fonds en sa possession, jusqu'à ce qu'il ait pris une inscription utile, le vendeur et le copartageant, au contraire, resteraient exposés à des périls que la plus extrême prudence ne saurait conjurer, si la loi ne leur accordait le bénéfice du délai qu'elle établit.

Quant à moi, je ne puis être satisfait de cette réponse ; l'explication qui précède ne s'applique point, en effet, aux prêteurs qui, n'ayant pas été payés à l'échéance de leur créance, ont obtenu, contre leur débiteur, un jugement de condamnation et, par suite, la garantie d'une hypothèque judiciaire. Quant à cette sorte d'hypothèques, l'objection de M. Rigaud reste donc entière.

« Du reste, objectait encore M. Rigaud, comment concilier ce délai avec l'esprit des motifs par lesquels on s'efforce d'expliquer et de légitimer l'abrogation de l'art. 834? On prétend faciliter et accélérer la libération des acquéreurs ; mais comment ne voit-on pas que du moment que le vendeur et le copartageant pourront s'inscrire utilement dans les quarante-cinq jours de leur contrat, l'acquéreur prudent attendra toujours, avant de payer, que ce délai soit expiré. »

Cette seconde objection ne manque pas de justesse, et il faut reconnaître qu'aussi longtemps que le régime hypothécaire aura à subir l'effet de ces délais de faveur, la célérité que recherche la loi sera matériellement impossible.

Après avoir indiqué le principe qui doit dominer toute notre matière, et l'exception qui y a été faite en faveur du vendeur et du copartageant, nous devons, avant d'aborder le système nouveau dans ses détails et son application, l'étudier dans ses généralités et rechercher à quelles matières il s'étendra.

I. Et d'abord, l'art. 6 de notre loi s'applique-t-il au droit de préférence comme au droit de suite ; c'est-à-dire le délai assigné pour prendre inscription est-il le même dans l'un et l'autre cas, et la transcription survenue avant l'inscription du privilége ou de l'hypothèque produit-elle les mêmes effets quant au droit de suite et au droit de préférence ?

Pour soutenir la négative, on a dit : deux droits existent au profit du créancier, à savoir, un droit de préférence et un droit de suite. Le droit de préférence, constituant le droit principal ou essentiel, est naturellement indépendant du droit de suite ; celui-ci peut donc cesser d'être, sans que celui-là disparaisse forcément avec lui.

Ce principe posé, on ajoutait : l'article 6 de la loi de 1855 a été écrit uniquement en vue du droit de suite, puisque la loi nouvelle ne s'occupe des priviléges et des hypothèques qu'au cas où elle les trouve en présence d'une *transcription* ce qui implique l'*aliénation* de leur gage. Tandis que cette loi règle les rapports des créanciers avec *l'acquéreur* des biens affectés à leur sûreté, elle ne dit absolument rien des rapports de *créancier à créancier*. C'est donc uniquement par les principes des Codes Napoléon, de procédure et de commerce, que doivent être réglées les difficultés auxquelles peut donner lieu l'exercice du droit de préférence. Or, d'après le Code Napoléon, les créanciers hypothécaires peuvent, quant à leurs rapports avec les créanciers chirographaires de leur débiteur, s'inscrire utilement à quelque époque que ce soit, puisque aucun délai ne leur a été, à cet égard, imposé. Donc ils peuvent, même après la transcription de l'acte qui a fait passer leur gage aux mains d'un tiers acquéreur, prendre une inscription utile. Donc, en autres termes, leur droit de *préférence* subsiste nonobstant la perte de leur droit *de suite*.

Ce système et les conséquences auxquelles il conduit sont inadmissibles. En principe, il est vrai, le droit de préférence peut être séparé du droit de suite et lui survivre. Mais en fait, ce résultat ne peut se produire que dans le cas où les créanciers sont *dispensés d'inscription* au point de vue du droit de préférence. Or, ces créanciers, nous n'avons jamais songé à les mettre en cause, puisque l'art. 6 est relatif *au droit de s'inscrire*, et que la dispense d'inscription qui leur est accordée ne permet pas que leur droit de préférence soit jamais compromis par la transcription. Quant à ceux en faveur desquels il n'est pas fait exception à la règle, ma réponse est facile :

Le droit de ces créanciers est subordonné, dans toutes ses prérogatives, quant au droit de suite et quant au droit de préférence, au régime de l'inscription : il n'est rien *s'il n'est inscrit* (vanum et inane jus). Or, dans notre espèce, *il ne l'est pas*, et si la transcription a été faite, *il ne peut plus l'être*. En effet, l'acquisition de l'hypothèque n'ayant lieu, quant aux tiers, que par l'inscription qui la met sous leurs yeux, il en résulte que les créanciers auxquels elle appartient ne peuvent point l'inscrire avec effet, alors que le bien affecté à leur sûreté a cessé d'appartenir à leur débiteur. Or, dans notre hypothèse, la transcription ayant été faite, c'est-à-dire l'acquéreur étant devenu propriétaire, vis-à-vis de tous, le cours des inscriptions est arrêté.

Du reste, n'est-ce pas ce que dit formellement la loi. Quand elle déclare que les hypothèques et les priviléges ne peuvent plus être *utilement* inscrits, après l'époque qu'elle détermine, ne les considère-t-elle pas évidemment, non point d'une manière restreinte, quant à l'une ou à l'autre de leurs prérogatives, mais en eux-mêmes, absolument et, par suite, dans tous leurs attributs. N'est-ce pas ce que déclarait M. de Belleyme, lorsqu'il disait dans son rapport : « Si le » vendeur ne s'est pas mis en règle dans le délai de » la loi, *son privilége* est perdu. »

II. — L'art. 834 du Code de procédure, ainsi que nous l'avons dit, n'avait modifié le principe de l'art. 1583 du Code Napoléon que pour les aliénations *volontaires*. La jurisprudence en avait conclu que les *aliénations forcées* étaient restées sous l'empire du Code dont la règle était que l'adjudication sur saisie purgeait, *ipso jure*, toutes les hypothèques antérieures non inscrites et non dispensées d'inscription. Il résultait de là une anomalie et des difficultés : une anomalie, en ce que, lorsqu'il s'agissait d'une vente amiable, le droit de prendre inscription se prolongeait indéfiniment, puisqu'il subsistait tant que l'acquéreur ne manifestait pas l'intention de purger ; au lieu que, si l'immeuble était l'objet d'une saisie, le créancier ne conservait cette faculté que jusqu'à l'adjudication. Quant aux difficultés, elles prenaient leur source dans l'incertitude où l'on était sur le point de savoir s'il fallait ranger dans la classe des aliénations volontaires, relativement à la purge, les ventes faites en justice, autres que celles sur saisies mobilières, ou les assimiler, en ce point, aux expropriations forcées.

Ces difficultés ont disparu. Nous n'avons plus aujourd'hui, sur ces divers points, qu'un seul et même régime. La loi nouvelle étant, en effet, absolue dans son principe, lui subordonne implicitement toutes les aliénations que notre droit reconnaît et auxquelles elle applique la transcription.

III. — Restent donc les aliénations qui, d'après le Code Napoléon, et d'après la loi nouvelle elle-même, se consomment *erga omnes* sans le secours de la transcription. Parmi ces aliénations figurent les mutations qu'opère le décès du testateur et celles qui résultent des actes entre-vifs qui ne sont que *déclaratifs* de droits réels, tels que les jugements (sauf l'exception contenue dans l'art. 44) et les partages.

L'exception faite en faveur des actes simplement *déclaratifs* peut se justifier facilement, et, du reste, les créanciers du copartageant trouvent dans l'art. 882 du Code Napoléon une protection suffisante. Quant à l'exception faite en faveur des testaments, elle a rencontré une opposition des plus vives, et avant de rechercher quels en seront les effets, je crois utile de rappeler quelques-uns des motifs qui ont servi à la justifier. Le légataire, a-t-on dit, n'est pas partie au testament, comme l'acquéreur à la vente ; la plupart du temps il ne le connaît pas, et il peut dépendre de l'héritier de laisser son ignorance se prolonger. Il s'écoulera donc nécessairement, à partir du décès, un temps plus ou moins long, pendant lequel le légataire sera dans l'impossibilité absolue d'opérer la transcription. Peut-on laisser, pendant ce temps, le légataire à la merci de l'héritier et autoriser celui-ci à aliéner valablement les immeubles de la succession et à dépouiller le légataire? cela n'est pas possible : le droit du légataire est sacré, puisqu'il résulte de la volonté du testateur ; on ne peut admettre qu'il dépende de l'héritier de l'anéantir. S'il était possible de donner au légataire le moyen d'assurer son droit, on pourrait l'assujétir à le faire ; mais lui imposer la formalité de la transcription, c'est lui imposer une condition qu'il ne dépend pas de lui de remplir. Enfin, la mise en pratique de la transcription des testaments eût soulevé de sérieuses difficultés par la nécessité d'accorder au légataire un délai pour transcrire. Quelle durée faut-il fixer à ce délai? Le fera-t-on courir du jour du décès, ou de la connaissance acquise du testament? Voilà des questions qui se fussent présentées et dont la solution n'eût pas été nette et satisfaisante.

Les arguments des partisans du système contraire ne semblaient pas moins forts. Quoi qu'il en soit, l'exception fut adoptée ; et nous n'avons plus dès lors qu'à nous demander quel sera, sous l'empire de cette exception, le moment après lequel les hypothèques et priviléges établis du chef du défunt sur l'immeuble légué, ne pourront plus être utilement inscrits?

M. Troplong, qui a prévu la question, la résout contre les créanciers. On ne peut, dit-il, leur appliquer ni la loi nouvelle, puisqu'elle n'a trait qu'aux mutations dont l'effet est subordonné, quant aux tiers, à la formalité de la transcription, ni l'art. 834 du Code de procédure, puisque la loi nouvelle l'a abrogé. Force est donc de s'en référer au Code Napoléon, d'après lequel l'aliénation purge virtuellement les hypothèques non inscrites. C'est là peut-être un résultat fâcheux, mais auquel il est impossible d'échapper en présence de ces mots si formels : les articles 834 et 835 du Code de procédure civile sont abrogés (art. 6).

A cela on a objecté que la disposition par laquelle la loi abroge l'art. 834 doit être entendue *secundum subjectam materiam*, c'est-à-dire eu égard à la disposition dont elle traite ; qu'elle est complètement étrangère aux mutations qui se consomment, même au regard des tiers, indépendamment de la formalité de la transcription ; et que, par conséquent, l'abrogation qu'elle consacre ne les concerne point.

Cette objection peut être spécieuse, mais elle ne saurait nous embarrasser. En effet, la loi contient deux dispositions parfaitement distinctes. Par la première, elle déclare qu'après la transcription il ne peut plus être pris aucune inscription utile. Cette prohibition contient l'abrogation virtuelle et implicite de l'art. 834. Par la seconde, elle déclare, en termes généraux, mais d'une manière expresse, que l'art. 834 est abrogé. Cette abrogation, formellement répétée, serait évidemment inutile et sans objet si la loi n'avait eu, en la consacrant, l'intention de l'étendre même aux aliénations qui, bien que non soumises à la transcription, sont opposables aux tiers.

Une objection d'une autre nature a encore été faite au système de M. Troplong. On ne saurait admettre, a-t-on dit, qu'un testateur puisse, en disposant du gage de ses créanciers, amoindrir leur droit ou même l'anéantir dans l'intérêt de son légataire. Dès lors, comment soutenir que la mutation qu'opère le legs, à la mort du testateur, puisse avoir pour effet d'enlever à ses créanciers hypothécaires le droit de conserver, en l'inscrivant, l'hypothèque qu'ils tiennent de lui ?

Cette seconde objection n'est pas plus acceptable que la première : il serait, en effet, facile de prouver, par quelques exemples, qu'il n'est pas juste de dire que les legs, quoique valables, ne peuvent, en aucun cas, directement ou indirectement, toucher au droit des créanciers du défunt. Les légataires particuliers sont de véritables tiers détenteurs, puisqu'ils ne succèdent point aux obligations personnelles de leur auteur. De là forcément, pour eux, les avantages et, pour les créanciers du défunt, toutes les conséquences passives que la loi attache à ce titre de tiers acquéreur.

Ainsi l'abrogation de l'art. 834 est absolue. Désormais, tout privilége ou hypothèque, sauf ceux du vendeur et du copartageant, qui n'aura pas été inscrit pendant que l'immeuble affecté est encore, quant aux tiers, dans le patrimoine du débiteur, sera perdu. Ce principe posé, il est facile d'en faire l'application, soit aux actes régis par la loi nouvelle et soumis, par conséquent, à la transcription, soit à ceux qui en sont dispensés.

IV. —Nous venons de voir qu'au principe de la publicité des mutations de propriété on avait apporté une exception, en dispensant les testaments de toute transcription ; au principe de la publicité des priviléges et des hypothèques on en apporta une nouvelle en dispensant les hypothèques légales des femmes, des mineurs et des interdits, de toute inscription. On sait, en effet, que par une faveur particulière qu'explique l'impossibilité morale et parfois matérielle où se trouvent ces créanciers de satisfaire par eux-mêmes au principe de publicité, ils peuvent, quoique non inscrits, suivre leur gage partout où il passe ; d'où, pour l'acquéreur qui le détient, l'obligation de les mettre, par des interpellations particulières, en demeure de produire leur droit.

Sous l'empire du Code Napoléon, ces incapables étaient dispensés de la formalité de l'inscription, *même après la cessation de la tutelle ou la dissolution du mariage*. Ainsi, l'exception introduite en leur faveur ne cessait point avec leur incapacité, bien que pourtant elle eût pour unique fondement cette incapacité même.

Cette anomalie a disparu. La loi nouvelle, pensant qu'il était inutile de prendre en main l'intérêt de personnes habiles à se protéger elles-mêmes, a décidé dans l'art. 8, que :

« Si la veuve, le mineur devenu majeur, l'interdit » relevé de l'interdiction, leurs héritiers ou ayants-» cause, n'ont pas pris inscription dans l'année qui » suit la dissolution du mariage, ou la cessation de la » tutelle, leur hypothèque ne date, à l'égard des tiers, » que du jour des inscriptions prises ultérieurement. »

Ainsi, d'après la loi de 1855, le privilége de clandestinité commence, dure et s'éteint comme et avec l'incapacité sur laquelle il repose. Maintenir le principe, mais le renfermer dans les limites que lui assigne la logique, telle a été la pensée de la loi.

Malgré ces sages modifications, le système qui protége les incapables n'en a pas moins été en butte aux attaques des partisans d'une publicité absolue. Mais s'ils ont dénigré ce système, ils n'ont jamais répondu aux arguments victorieux sur lesquels il repose. Ils ne veulent voir qu'un côté de la discussion, la facilité des prêts hypothécaires ; c'est à cela qu'ils exigent que tout soit sacrifié. Ils oublient qu'il est un autre point de vue plus moral et plus grand, l'intérêt de la famille et de l'État qui seraient ébranlés, si les dots des femmes et le patrimoine des mineurs n'étaient mis à l'abri des dissipations et des larcins. Voilà l'intérêt qui fut défendu avec énergie lors de la confection du Code.

On posa ainsi la question : Faut-il que les prêteurs, qui peuvent dicter la loi du contrat, soient plus favorablement traités que les femmes mariées, les mineurs et les interdits qui ne le peuvent pas? Sans cesse ramenée à ces termes par la vigoureuse dialectique du premier Consul, la solution du problème ne pouvait être douteuse, et il fut décidé que *la sûreté de la femme et du mineur devait être préférée à celle des acquéreurs et des prêteurs.*

Quelle inconséquence n'eût pas consacrée le système contraire ; vous croyez l'ordre public intéressé à ce que la femme et le mineur aient une hypothèque légale, et vous voulez faire dépendre cette hypothèque d'une formalité. Vous reconnaissez qu'ils sont incapables de stipuler une hypothèque à leur profit et vous n'admettez pas que la même incapacité les accompagne pour prendre l'inscription qui doit la compléter. Et, du reste, votre système eût été inapplicable ; ce n'était point les immeubles grevés, mais la quotité des sommes pour lesquelles l'hypothèque était prise qu'il eût fallu faire connaître ; eh bien ! c'eût été simplement impossible.

En un mot, j'approuve le système du Code, modifié par la loi de 1855, parce que ce système seul répond aux besoins de la société, aux principes du droit, aux règles de la logique. Gardons-nous d'acheter au prix d'une injustice l'homogénéité des principes absolus. Que le désir de simplifier la loi soit toujours modéré en nous par ces paroles du premier Consul : « La trop » grande simplicité dans la législation est l'ennemie de » la propriété. On ne peut rendre les lois extrêmement » simples, sans couper le nœud plutôt que de le dé- » lier et sans livrer beaucoup de choses à l'incertitude » de l'arbitraire. »

Soumettre avec l'ancien droit toutes les hypothèques au régime de la clandestinité, ou, avec la loi de brumaire, les laisser toutes sous l'empire du principe de publicité, eût été, dans l'un ou l'autre cas, dépasser le but. L'exagération des conséquences est parfois dangereuse, et, comme le dit Montesquieu, « l'esprit de » modération doit être celui du législateur ».

V. — Maintenant que nous connaissons les principes consacrés par la loi nouvelle pour arriver à la publicité des hypothèques, nous pouvons demander si elle remplit son but principal, la sûreté des fonds prêtés. De nombreux reproches ont été faits à la loi nouvelle ; on a dit qu'elle était obscure, incomplète, quelquefois même contradictoire. Malheureusement ces reproches ne sont que trop fondés ; douze articles ont paru suffisants au législateur pour réglementer des matières qui, par le nombre et la variété des points qu'elles engagent, se rattachent à toutes les branches de notre droit. Grâce à cette concision, il n'y a peut-être pas dans nos lois une matière où les difficultés soient plus fréquentes et les règles données pour les résoudre moins nombreuses ; aussi devons-nous nous attendre à voir surgir, dans le cours de notre travail, mille difficultés, mille questions qui nous conduiront forcément à faire ressortir les obscurités et les lacunes que présente la loi nouvelle.

Néanmoins parmi les critiques qui ont été faites, il

en est une qui rentre dans nos généralités, et que j'examinerai dès à présent. La sécurité des capitalistes, a-t-on dit, n'est pas, dans le système nouveau, à l'abri de toute atteinte. En effet, la transcription assure bien, il est vrai, la publicité des actes translatifs de droits réels immobiliers, mais elle ne garantit pas la validité de ces actes; de sorte qu'il peut arriver que la vente que l'on a fait transcrire soit résolue, et que l'acquéreur ait cessé d'être propriétaire, ou même soit censé ne l'avoir jamais été, tandis que cet effet juridique de la résolution n'empêche pas qu'en fait, l'acte de vente ne se trouve sur les registres de la transcription, et qu'aux yeux du public, l'acquéreur, dont le contrat vient d'être résolu ou annulé, ne soit encore propriétaire. A cela on nous répondra peut-être que c'est précisément dans le but d'avertir les tiers de cet état de choses, et pour que la transcription d'un acte ne puisse les tromper sur son existence apparente, que le législateur a édicté l'art. 4.

J'admets cette objection, je la trouverais même sans réplique, si, en s'en tenant aux termes restreints de cet article, on n'était forcé de convenir qu'il est absolument inapplicable au cas où les parties se rendent justice à elles-mêmes, sans porter leur différend devant les tribunaux. Que dit, en effet, cet article 2 que « tout jugement prononçant la résolution, nullité » ou résicision d'un acte transcrit, doit, dans le mois » où il a acquis l'autorité de la chose jugée, être » mentionné, en marge de la transcription, sur le » registre. » Mais, s'il n'y a pas eu de jugement prononcé, où trouvez-vous dans cet article une disposition ordonnant de mentionner la résolution du contrat? Nulle part, certainement, et tout en reprochant à l'article 4 de laisser le public exposé à de dangereuses erreurs, nous ne pensons pas pouvoir élargir la portée que lui a donnée le législateur.

En Allemagne, où le principe de la publicité a été poussé dans ses dernières limites, on a prévu ce danger et on l'a évité. Quiconque acquiert d'une personne inscrite sur les registres comme propriétaire, alors même qu'elle ne le serait pas, peut aliéner valablement, tant que le propriétaire véritable n'a pas fait inscrire sa prétention de revendiquer. De cette importance si grande attachée à la publicité, on a conclu qu'il fallait que les inscriptions sur le registre ne se fissent pas à la légère, et pour arriver à contrôler tous les titres présentés, on a eu recours au système de l'*intubation*.

L'*intubation* consiste dans l'inscription du propriétaire sur un registre public, ou *livre-terrier*, où chaque fonds a un compte ouvert, auquel sont portés tous les droits réels actifs ou passifs qui peuvent en augmenter ou en diminuer la valeur. L'inscription est opérée, après une procédure contradictoire entre les parties intéressées, et une appréciation du droit des requérants, par des magistrats responsables de la vérité des énonciations portées au registre. Néanmoins, ces magistrats n'exercent qu'une juridiction gracieuse, et, en cas de contestation, ils renvoient les parties devant les tribunaux ordinaires.

Aux dangers qui pourraient résulter du retard de l'inscription sur le registre, lorsque le droit est contesté, on a paré par le système de *la prénotation*, ou inscription provisoire, qui donne rang, du jour de sa date, au droit contesté, s'il vient plus tard à être reconnu, et qui empêche qu'aucun acte ne puisse être fait, dans l'intervalle, au préjudice de ce droit.

Ainsi, en Allemagne, l'inscription sur les registres constitue légalement le droit de propriété ; elle forme, en faveur de la personne inscrite, une présomption *juris et de jure*, qui ne peut être détruite que par la substitution d'un autre nom à celui du propriétaire inscrit (1).

Il nous est dès lors facile de saisir la différence caractéristique existant entre le système allemand, qui impose aux autorités hypothécaires le devoir de s'assurer, à chaque inscription requise sur le registre, du droit de propriété de celui qui requiert l'inscription, et le système français, qui ne fait du conservateur des hypothèques qu'un simple préposé, ne pouvant refuser son ministère, ni se permettre de juger le droit des parties, et dont les fonctions se bornent à copier, sans examen, sur les registres les actes de mutation qui lui sont présentés. Aussi, en France, la transcription ne confère-t-elle aucun droit de propriété, et « le vendeur ne transmet-il à l'acquéreur que la propriété et les droits qu'il avait lui-même sur la chose vendue. » (Art. 2182 C. N.)

Le système allemand a sur le nôtre l'avantage de désigner, avec pleine certitude pour les tiers, le propriétaire de tout immeuble porté sur les registres ; mais, en revanche, il entrave les transactions et amène souvent des résultats injustes. Aussi ne peut-il être pratiqué que dans les pays où les mœurs et les lois sont antipathiques au morcellement de la pro-

(1) V. M. Royer, des Instit. de Crédit foncier en Allemagne et en Belgique ; et M. Josseau, des Instit. de Crédit foncier et agricole dans les divers états de l'Europe.

priété. En France, où le morcellement de la propriété est considérable, un pareil système ne serait pas possible.

VI. — Nous connaissons le système nouveau, en ce qui touche l'inscription des privilèges et des hypothèques, dans son ensemble et ses généralités ; il nous reste à l'étudier dans ses détails et ses applications.

Dans un 1er chapitre, nous traiterons de l'inscription des hypothèques conventionnelles, judiciaires et légales.

Dans un 2e chapitre, consacré à l'inscription des privilèges, nous examineront successivement :

1° Les privilèges énoncés dans l'art. 2101 ;

2° Le privilège des ouvriers ;

3° La séparation des patrimoines ;

4° Le privilège du vendeur ;

5° Celui du copartageant.

CHAPITRE Ier.

INSCRIPTION DES HYPOTHÈQUES.

SECTION Ire. — Application de la loi nouvelle aux hypothèques conventionnelles et judiciaires.

Les créanciers munis d'une hypothèque conventionnelle ou judiciaire peuvent, avons-nous dit, l'inscrire tant que l'immeuble affecté à leur sûreté demeure, quant aux tiers, et, par conséquent, quant à eux, dans le patrimoine de leur débiteur ou de ses successeurs universels, c'est-à-dire tant que l'acte translatif de la propriété n'a pas été transcrit. Cette inscription produit des effets qui varient, selon les personnes auxquelles on l'oppose. Ainsi, dans les rapports des créanciers hypothécaires entre eux, l'inscription n'a d'effet que dans l'avenir ; elle est *rétroactive*, au contraire, soit au regard des acquéreurs entre les mains desquels est passé l'immeuble grevé, soit même à l'encontre des créanciers chirographaires de l'aliénateur ; c'est-à-dire que vis-à-vis d'eux, si tardive qu'on la suppose, fût-elle effectuée à la dernière heure, pourvu qu'elle le soit dans le délai de la loi, elle a son plein et entier effet.

Lorsque l'inscription n'a pas été effectuée et qu'elle ne peut plus l'être, parce que le délai pour la requérir est expiré, l'hypothèque qui lui était subordonnée est à considérer comme n'ayant jamais existé : elle a manqué de se former, et il est impossible que désormais elle se constitue.

Au principe que les hypothèques conventionnelles ou judiciaires peuvent être inscrites jusqu'à la transcription, les art. 448 du Code de commerce et 2146 du Code Napoléon ont apporté deux exceptions. L'art. 448 porte : « Les droits d'hypothèque et de privilége » valablement acquis pourront être inscrits jusqu'au » jour du jugement déclaratif de faillite. Néanmoins, » les inscriptions prises après l'époque de la cessa- » tion de paiements ou dans les dix jours qui précè- » dent, pourront être déclarées nulles, s'il s'est écoulé » plus de quinze jours entre la date de l'acte consti- » tutif de l'hypothèque ou du privilége et celle de » l'inscription. » Il en résulte (1er alinéa) que les hypothèques acquises avant le jugement déclaratif de la faillite, mais non encore inscrites, ne peuvent plus l'être utilement dès que le jugement a été rendu. Les choses doivent se passer entre les créanciers du failli de la même manière que si l'ordre avait pu avoir lieu au moment même du prononcé du jugement. Mais la nullité dont ces inscriptions sont frappées n'est pas absolue ; la loi ne la prononce que dans l'intérêt de la masse des créanciers antérieurs au jugement.

Le 2e alinéa contient une restriction au premier. Après avoir dit que les hypothèques valablement acquises pourront être inscrites *jusqu'au* jugement déclaratif de faillite, il ajoute : « pourvu, toutefois, qu'il ne se soit pas écoulé plus de quinze jours entre la date de l'acte constitutif de l'hypothèque et celle de l'inscription prise depuis la cessation de paiements ou dans les dix jours qui l'ont précédée. » Cette disposition a pour but de prévenir une collusion d'autant plus dangereuse, qu'elle était très-fréquente dans la pratique. Un débiteur disait à son créancier : « Je suis actuellement très-solvable ; si vous faites inscrire votre hypothèque, vous ruinez mon crédit. N'inscrivez pas ; plus tard, si quelque danger apparaît, il sera encore temps de vous y soustraire en prenant alors votre inscription. » Valider un tel arrangement eût été créer des causes de préférence clandestines, opposables aux tiers qui auraient traité avec le débiteur dans l'ignorance des hypothèques qu'on tenait en réserve pour être produites au jour du danger.

En vertu de l'art. 2146, qui contient notre deuxième exception, les créanciers, ayant une cause de préférence soumise à la formalité de l'inscription, ne peuvent plus utilement s'inscrire après la mort de leur débiteur, dans le cas où *sa succession n'a été acceptée que sous bénéfice d'inventaire*. — On comprend le motif de cette prohibition : l'acceptation bénéficiaire faisant présumer l'insolvabilité de la succession, la loi n'a pas voulu que les créanciers voisins du lieu où la succession s'est ouverte, ou avertis les premiers de l'existence du danger, pussent s'y soustraire, en s'inscrivant, au préjudice des créanciers plus éloignés ou non instruits de l'acceptation bénéficiaire. — Cette inscription, au reste, n'est annulée que dans l'intérêt des créanciers du défunt elle pourrait donc être valablement prise sur un im meuble possédé par un tiers acquéreur. Quant au renouvellement des inscriptions, nos prohibitions ne l'atteignent en aucun cas ; car, si la loi ne permet pas qu'un créancier améliore sa condition au préjudice des autres créanciers, elle ne lui défend pas de *conserver* celle qu'il s'est assurée en temps utile, c'est-à-dire avant la faillite ou l'acceptation sous bénéfice d'inventaire.

I. — Appliquant les règles qui précèdent, nous dirons : s'agit-il *d'aliénations volontaires*, deux cas sont à considérer : si l'hypothèque était déjà inscrite quand l'acquéreur a fait transcrire son titre, ou quand les événements prévus par les art. 2146 et 448 sont arrivés, elle existe pleinement efficace dans tous ses attributs ; dans le cas contraire, elle disparaît non-seulement au point de vue du droit de suite, mais encore quant au droit de préférence.

II. — Passons à l'hypothèse des *ventes forcées*. Le débiteur cesse-t-il d'être propriétaire de l'immeuble affecté, par l'effet d'une expropriation pour cause d'utilité publique, il est encore nécessaire de distinguer entre l'hypothèque qui a été inscrite, et celle qui ne l'a pas été : faute d'inscription à la date de la transcription du jugement ou de l'acte d'expropriation, l'hypothèque est complètement nulle ; l'inscription a-t-elle eu lieu, elle produit un droit de préférence qui a son effet ordinaire ; quant aux droits de suite et de surenchère, la loi ne les admet pas en matière d'aliénation forcée. Ainsi, l'expropriation purge par elle même et de plein droit, en les transportant des biens aliénés sur le prix d'aliénation, toutes les hypothèques auxquelles ils étaient assujétis, sauf, bien entendu, le droit des créanciers d'exiger que le prix soit fixé conformément aux prescriptions de l'art. 17 et du titre IV de la loi du 3 mai 1841.

III. — En cas d'adjudications sur saisie, les mêmes effets se produisent. Les créanciers hypothécaires, qui n'étaient pas encore inscrits au moment de la transcription de l'adjudication, descendent, par l'effet de leur négligence, au rang des créanciers chirographaires. Leur déchéance est définitive, et ils ne peuvent en être relevés, alors même que l'adjudicataire viendrait à être évincé, par suite d'une revente sur folle enchère. En effet, l'adjudication sur folle enchère, loin de résoudre rétroactivement la première adjudication, implique son maintien, bien que l'excédant du prix de la revente sur le prix de la première adjudication profite au saisi et à ses créanciers (art. 749 C. Pr.), et elle n'a d'autre effet que d'y substituer un adjudicataire à un autre.

Si, au contraire, inscription a été prise avant la saisie, pendant qu'elle suit son cours, ou même après l'adjudication prononcée, mais non encore transcrite, l'hypothèque est valable, et, par suite, elle engendre un *droit de préférence*, c'est-à-dire que les créanciers inscrits viennent sur le prix d'adjudication, à l'exclusion des créanciers chirographaires, et, entre eux, au rang qu'assigne à chacun d'eux l'inscription qui lui est propre.

Quant aux droits de suite et de surenchère, il n'en est pas de même. L'adjudication dûment transcrite les purge ou les éteint, et la propriété qu'elle transfère à l'adjudicataire est, *à son égard*, et sous la seule condition du paiement de son prix ou de sa consignation, purgée de plein droit de toutes les charges hypothécaires qui la grevaient du chef du saisi ou des précédents propriétaires ; les hypothèques éteintes passent ainsi de l'immeuble adjugé sur le prix d'adjudication. Les créanciers peuvent, il est vrai, dans la huitaine suivante, faire une surenchère du *sixième*, mais ce droit de surenchère n'est pas une conséquence de leur hypothèque, puisqu'il appartient à toute personne, sans distinction. (Art. 708, Code Pr.)

La consécration de cet ancien principe : « décret forcé nettoie toutes les hypothèques » est suffisamment justifiée, ce me semble, par les prescriptions contenues dans l'art. 692 du Code de procédure, modifié par la loi du 21 mai 1858, en vertu duquel le créancier poursuivant doit associer à son action, en les mettant en demeure d'y intervenir, les créanciers inscrits sur l'immeuble dont il poursuit la vente. Ainsi liés à sa poursuite, ils la suivent, la surveillent et la contrôlent dans toutes ses phases. Le saisissant commet-il quelque erreur, ils la relèvent ; entrave-t-il, par sa négligence, la marche de la saisie, ils le remplacent ; craignent-ils que leur gage ne soit point porté à sa véritable valeur, ils cherchent et appellent des enchérisseurs, au besoin, ils enchérissent eux-mêmes.

Dès lors, quoi de plus juste que l'aliénation ainsi préparée par leurs soins soit stable et définitive vis-à-vis d'eux, aussi bien que vis-à-vis du saisissant. Quoi de plus juste, en un mot, qu'elle opère, par elle-même et de plein droit, la purge de toutes les hypothèques.

Une objection nous a été faite, et au premier abord, il faut l'avouer, elle semble reposer sur des raisons assez spécieuses. Votre solution, nous a-t-on dit, peut s'appliquer aux créanciers qui, ayant une hypothèque antérieure à la saisie, ne l'ont fait inscrire qu'après l'adjudication prononcée, mais l'appliquer à ceux dont l'hypothèque n'a pris naissance que dans l'entre-temps de l'adjudication à la transcription, serait souverainement injuste. En effet, que les créanciers, qui ont tenu secrète, jusqu'après l'adjudication, l'hypothèque dont ils étaient déjà nantis quand la saisie a été pratiquée, ne puissent pas inquiéter l'adjudicataire, c'est de toute justice : s'ils n'ont pas été interpellés directement, ils ne le doivent qu'à leur négligence, et de plus, à défaut d'interpellation directe, ils ont été, par la voie de la presse et des affiches, mis en demeure de veiller à l'adjudication. Mais quelle négligence avez-vous à reprocher aux créanciers qui n'ont traité avec le saisi qu'après l'adjudication, et avant sa transcription. Leur hypothèque n'est-elle pas valable et ne leur a-t-il pas été impossible d'intervenir à l'adjudication, puisqu'elle existait déjà quand leur droit a pris naissance ; dès lors, pourquoi les punir d'une faute qu'ils n'ont point commise.

A cela je répondrai d'abord que je n'admets pas que le saisi puisse, une fois la saisie transcrite, consentir des hypothèques au préjudice du saisissant, et que ces hypothèques, selon moi, ne sont opposables qu'aux créanciers chirographaires non saisissants. Mais en admettant, avec mes adversaires, leur complète validité à l'égard de tous les créanciers sans distinction, ne m'est-il pas possible de dire que, si les tiers sont réputés n'avoir pas connu l'adjudication, puisqu'elle n'était pas encore transcrite, du moins, ils sont réputés avoir su qu'elle aurait lieu, puisqu'elle était annoncée par affiches publiques. Du reste, la discussion est sans intérêt ; la loi est formelle et ne distingue pas.

En vertu de la loi du 21 mai 1858, les créanciers

à hypothèque occulte, quoique non inscrits, sont liés à la saisie comme et avec les créanciers inscrits ; ils y sont appelés par la voie de la presse, et en outre, quand le saisissant, d'après son titre, connaît leurs droits, par un exploit d'huissier. On a dû, dès lors, abandonner la jurisprudence qui admettait que l'adjudication ne pouvait constituer un acte définitif à l'égard des femmes, des mineurs et des interdits, et décider que leurs hypothèques, alors même qu'elles n'ont pas été inscrites, sont soumises à la purge qu'opère l'adjudication.

IV. — Les adjudications sur délaissement sont assimilées aux adjudications sur saisie, et produisent les mêmes effets pour la purge des hypothèques.

Les adjudications sur surenchère du dixième, faites par un des créanciers inscrits et interpellés conformément aux art. 2183 et 2184 du Code Napoléon, ont été, au contraire, assimilées aux aliénations volontaires. Elles purgent, en effet, par elles mêmes toutes les hypothèques inscrites, mais elles laissent subsister sur l'immeuble adjugé toutes les hypothèques occultes, et l'adjudicataire, qui veut se mettre à couvert contre elles, doit remplir les formalités prescrites par les art. 2193 à 2195 du Code Napoléon.

Enfin, bien que faites en justice, avec enchères et sur affiches, certaines ventes n'ont d'autres effets que ceux des aliénations volontaires ; elles ne purgent ni les hypothèques inscrites, ni celles occultes. Telles sont les ventes de biens appartenant à des mineurs, à une succession indivise, ou vacante ou bénéficiaire, etc., etc.

Quant aux aliénations sur saisie convertie en aliénation volontaire, une distinction est nécessaire, selon que la conversion a eu lieu avant ou après les sommations prescrites par l'art. 692 et l'avertissement spécial prescrit par l'art. 696. Au premier cas, l'adjudication prend tous les caractères d'une aliénation volontaire, et elle en reçoit les effets ; au second, elle a les effets de l'expropriation forcée.

V. — Revenons à notre principe. Son application n'offrira aucune difficulté, si nous nous plaçons dans l'hypothèse d'une vente unique. Il est constant qu'en ce cas, la transcription opérée imprimera à la vente un effet absolu, opposable aux tiers et libérera l'immeuble de toutes les hypothèques qui, bien que soumises à la formalité de l'inscription, n'étaient pas inscrites au moment de la transcription de l'acte d'aliénation. Mais si nous nous plaçons dans l'hypothèse de plusieurs aliénations successives, les difficultés surgissent. Le dernier acquéreur, quand ses auteurs ne se sont pas mis en règle, c'est-à-dire quand ils n'ont pas fait transcrire, doit-il, pour acquérir la libération de toutes les hypothèques existant sans inscription sur l'immeuble aliéné, faire transcrire non-seulement son propre contrat, mais encore les contrats d'acquisition de ses auteurs, c'est-à-dire des précédents acquéreurs, ou suffit-il qu'il transcrive le sien? En autres termes, l'effet libératoire de la transcription de son titre à lui remonte-t-il jusqu'aux hypothèques acquises du chef de ses auteurs les plus éloignés, ou s'arrête-t-il aux hypothèques existant du chef de son auteur immédiat?

Cette question, fréquente dans la pratique, avait déjà été posée sous l'empire de l'art. 834 du Code de procédure, et sa solution avait donné lieu à trois systèmes différents.

Dans un premier système, qui était celui de la jurisprudence, on admettait que la transcription que l'acquéreur faisait faire de son propre contrat suffisait *par elle-même et par elle seule*, pour faire courir, *erga omnes*, les quinze jours après lesquels il ne pouvait plus être pris aucune inscription.

Dans un deuxième système, l'acquéreur qui voulait mettre en demeure tous les créanciers hypothécaires auxquels l'immeuble passé dans son domaine pouvait être affecté, devait les interpeller tous, et, par conséquent, rendre publics, en même temps que le sien propre, tous les contrats des précédents propriétaires.

Entre ces deux systèmes, diamétralement opposés, venait se placer un système intermédiaire. Si, disait-on dans ce système, le dernier contrat contient la nomenclature exacte des précédents aliénateurs, sa transcription suffisant pour donner l'éveil même aux créanciers des anciens propriétaires, ils seront tous déchus, s'ils ne s'inscrivent pas dans la quinzaine suivante. Si elle ne contient pas cette nomenclature, elle ne constitue en demeure que les créanciers de son auteur immédiat.

La divergence était complète : aussi, lors de la discussion de la loi de 1855, le rapporteur fut-il invité, à diverses reprises, à trancher une question qui divisait la jurisprudence et la doctrine. Mais, pour tout éclaircissement, le rapporteur déclara que le point de droit soulevé : « étant une question de jurisprudence et de régime hypothécaire, la loi nouvelle n'avait pas pour objet de la résoudre. »

Nous n'apprécierons pas la valeur et l'opportunité de cette réponse ; nous nous contenterons de constater les résultats qu'elle a entraînés. C'est la meilleure critique que nous puissions en faire.

Aujourd'hui, après huit années de luttes juridiques, la question est loin d'être tranchée dans un sens ou dans l'autre. Nous retrouvons les mêmes incertitudes et les mêmes camps que sous l'empire du Code de procédure. Distinctions, divisions et subdivisions, tout a été imaginé pour résoudre la question et n'a fait que la compliquer.

Toutefois, les partisans du premier système ont, en quelque sorte, disparu du terrain de la lutte, qui se trouve ainsi concentrée entre ceux qui veulent que l'acquéreur interpelle tous les créanciers et que, par conséquent, il rende publics, en même temps que le sien propre, tous les contrats des précédents propriétaires, et ceux qui le dispensent de cette publicité, pourvu que le dernier contrat, c'est-à-dire celui qui l'a investi de la propriété, contienne la nomenclature des précédents aliénateurs.

Pour nous, nous n'hésitons pas à nous rallier au second système, et à exiger la transcription de tous les contrats précédents, pour que le cours des inscriptions des créanciers qui tiennent leurs droits des précédents propriétaires soit arrêté.

Nos arguments, les voici :

Aux partisans du premier système, c'est-à-dire à ceux qui prétendent que la transcription que l'acquéreur fait faire de son propre contrat suffit, par elle-même et par elle seule, pour clore, *erga omnes*, le délai accordé pour prendre inscription, nous dirons :

Vous reconnaissez: 1°, avec l'art. 3, que la propriété, quoique vendue, demeure, au regard des tiers, dans le patrimoine du vendeur, tant que la vente, qui la doit déplacer, quant à eux, n'a pas été transcrite.

2° Que, par tiers, il faut entendre non-seulement ceux qui, dans l'avenir, pourront se mettre en rapport de droit avec le vendeur, mais encore tous ceux qui, antérieurement à la vente, avaient stipulé, en traitant avec lui, un droit réel sur l'immeuble vendu.

3° Avec l'art. 6 de notre loi, que les créanciers nantis d'une hypothèque la peuvent utilement inscrire tant que l'immeuble qu'elle affecte demeure, quant à eux, dans le domaine de leur débiteur.

Ces principes étant admis, je vous laisse conclure ; vous arriverez nécessairement à ce résultat, à savoir : que les créanciers hypothécaires ne peuvent être forclos que par *la transcription de l'acte par lequel leur débiteur a disposé de leur gage.*

Or, dans notre hypothèse, c'est-à-dire étant données deux ventes consenties, l'une, par *primus* à *secundus,* l'autre par *secundus* à *tertius,* si nous supposons que *tertius* a seul fait transcrire son contrat et n'a fait transcrire que le sien, pouvez-vous dire que la vente de *primus* à *secundus* a été transcrite? Non certainement ! !

Mais alors prenez garde ; vous allez retomber dans mon système. Si la vente de *primus* à *secundus* n'a pas été transcrite, comment pourrez-vous soutenir que *primus* a cessé d'être, même quant à ses créanciers hypothécaires, propriétaire de l'immeuble vendu?

Et *s'il est encore propriétaire,* quant à eux, comment démontrerez-vous *qu'ils ne sont plus à temps de s'inscrire?* (Art. 6.)

D'ailleurs, la loi est expresse : « A partir de la trans-

» cription, y est-il dit, les créanciers hypothécaires » ne peuvent prendre utilement inscription sur le » *précédent* propriétaire. »

Donc la déchéance établie est spéciale et limitée aux créanciers du propriétaire qui a aliéné *le dernier*. Cette déchéance, vous ne pouvez l'étendre.

Leur premier système renversé, nos adversaires, pour la plupart, se retranchent derrière un système intermédiaire, et nous disent : les premières ventes n'ont pas été transcrites, il est vrai, mais, si le dernier contrat contient la nomenclature exacte des précédents aliénateurs, sa transcription suffisant pour donner l'éveil, même aux créanciers des anciens propriétaires, ils n'en seront pas moins tous déchus s'ils ne se sont inscrits avant cette transcription.

Ce système intermédiaire ne nous semble pas plus soutenable que le premier. Et d'abord, en nous en tenant aux termes de la loi, nous pourrions en finir immédiatement avec lui par cette simple argumentation : Les hypothèques, quoique non inscrites, *subsistent* contre l'acquéreur, tant qu'il n'a pas *transcrit son contrat*. Peu importe que cette condition soit remplie par lui-même avant la revente, ou qu'elle le soit après la revente, par son ayant-cause. Mais il est indispensable que la transcription ait lieu, sinon les charges dont l'immeuble est grevé demeurent intactes, puisque la condition d'où dépend leur extinction n'est pas accomplie.

Or, dans notre hypothèse, pouvez-vous dire que la mention d'un acte, dans un autre acte qui est transcrit, suffit pour le faire considérer comme ayant été transcrit lui-même? Non, sans doute; puisque la transcription consiste dans la *reproduction littérale et entière* de l'acte qu'elle doit rendre public. — Donc le dernier acheteur n'a encore qu'une propriété relative, donc.....................................

....

Nos adversaires, loin de se tenir pour battus, prétendent triompher : Qu'avez-vous de votre côté, nous disent-ils? la lettre de la loi. Sur elle seule repose toute votre argumention. Qu'avons-nous du nôtre? son esprit. En effet, que veut la loi? la publicité. Quels moyens de l'obtenir indique-t-elle? la transcription. Mais que lui importe le procédé que nous emploierons; tout ce qu'elle exige de nous, c'est que nous rendions publics les actes de vente. Or, l'énumération que nous proposons conduit à la publicité. Vous, au contraire, vous faites du moyen désigné pour atteindre le but, le but lui-même.

Eh bien! j'accepte le défi de nos adversaires : suivons-les un instant sur le terrain qu'ils choisissent; avec eux foulons aux pieds les termes de la loi; nous aurons encore pour nous son esprit et les principes qu'elle contient.

Faire savoir aux créanciers hypothécaires que leur débiteur a cessé d'être propriétaire de l'immeuble affecté à leur sûreté, tel est le but que se propose la loi.

Sur ce point, nos adversaires et nous, sommes d'accord, mais nous nous divisons quant aux moyens d'arriver à cette publicité.

Quant à nous, nous soutenons que, dans l'hypothèse de plusieurs ventes successives, la publicité ne peut être atteinte, c'est-à-dire que les aliénations consenties par les précédents vendeurs ne peuvent être portées à la connaissance de leurs créanciers qu'autant que le dernier acheteur a fait transcrire, en même temps que le sien, les contrats en vertu desquels les vendeurs précédents ont cessé d'être propriétaires.

Nos adversaires prétendent que, si le dernier contrat contient l'énumération des ventes précédentes, sa transcription suffit à elle seule pour avertir tous les créanciers.

Le contraire est facile à démontrer. Nous savons, en effet, que nos bureaux d'hypothèques n'ayant point de tables cadastrales destinées à l'annotation des charges établies sur chaque immeuble ou des aliénations successives dont il a été l'objet, notre système de publicité repose tout entier sur l'indication des noms, prénoms et domiciles des propriétaires.

Ainsi, lorsqu'un acte translatif de propriété est transcrit sur le registre des mutations, le conservateur, qui a opéré la transcription, la reporte brièvement, avec indication de sa date et de son numéro d'ordre, sur le compte ouvert au propriétaire aliénateur; puis il inscrit ses nom, prénoms et domicile sur une table alphabétique qui devient la clef des recherches.

Alors même que l'acte relate les aliénations antérieures et les noms des précédents propriétaires de l'immeuble, le conservateur n'a pas à s'en préoccuper. Il n'ouvre aucun compte à ces propriétaires qui, dès lors, ne figurent pas sur la table alphabétique.

Ainsi, dans notre espèce, c'est-à-dire trois ventes successives ayant eu lieu, l'une de *primus* à *secundus*, l'autre de *secundus* à *tertius*; enfin, la dernière, de *tertius* à *quartus*, et cette dernière ayant été seule transcrite, mais avec l'énumération des premières ventes, la transcription effectuée a été portée au compte passif de *tertius*, dont les nom, prénoms, etc., ont été inscrits sur la table alphabétique, tandis qu'aucun compte n'a été ouvert à *primus* et à *secundus*, et que leurs noms et prénoms ne figurent pas, en conséquence, sur la table alphabétique.

Dès lors, nous pouvons prévoir ce qui adviendra.

Des tiers viendront-ils se renseigner du chef du dernier vendeur, *tertius*, le conservateur, au moyen des indications de sa table alphabétique, arrivera au compte passif de la personne désignée ; là il prendra la date et le numéro d'ordre de la transcription du contrat de vente en vertu duquel elle a cessé d'être propriétaire ; il arrivera enfin au registre des mutations, et il constatera que *tertius* a cessé d'être propriétaire.

Les tiers viendront-ils, au contraire, se renseigner du chef de *primus* et de *secundus*, comment le conservateur arrivera-t-il jusqu'à la transcription de la vente pour y prendre les énonciations qui concernent les précédents vendeurs.

J'avais donc raison de dire que, quoique relatées dans un acte transcrit, les aliénations qui n'ont pas été transcrites elles-mêmes sont et demeurent clandestines, quant aux tiers qu'elles intéressent.

Or, si l'énumération par laquelle vous pensiez suppléer à la transcription n'est pas de nature à éveiller l'attention des créanciers, elle ne saurait atteindre le but de la loi, la publicité.

Et si elle n'atteint pas ce but, elle viole à la fois et l'esprit et la lettre de la loi aux exigences desquels mon système seul peut aboutir.

VI. — La solution que nous venons de donner s'appliquera indifféremment, soit aux ventes volontaires, soit aux ventes forcées. Les principes sont les mêmes, les solutions doivent être identiques. Peut-être nous opposera-t-on l'art. 717 du nouveau Code de procédure, qui porte que la transcription de l'adjudication purge *toutes* les hypothèques ; peut-être nous dira-t-on que cette disposition, étant générale, atteint tout à la fois et les créanciers du saisi et ceux des précédents propriétaires. Ce dernier point, nous l'admettrons sans difficulté. Mais nous ferons remarquer que l'art. 717 ne s'occupe que des hypothèques inscrites, et que dès lors il ne saurait nous être opposé dans une question où nous ne nous occupons que des hypothèques qui ne le sont pas. L'art. 717 nous étant tout à fait étranger, nous demeurons forcément sous l'empire de la loi de 1855.

VII. — L'hypothèse de plusieurs ventes successives a encore donné lieu à une autre question, celle de savoir comment les choses doivent se passer au cas où les créanciers personnels de l'acquéreur sont en conflit d'hypothèques avec les créanciers des précédents propriétaires. Je m'explique : nous savons que, dans les rapports des parties entre elles, l'acheteur devient, dès que la vente a été conclue et bien qu'il n'ait pas fait transcrire son titre, propriétaire de l'immeuble vendu, et que, par conséquent, il acquiert le droit de l'hypothéquer, tandis que jusqu'à la transcription, le vendeur reste propriétaire au regard des tiers, c'est-à-dire de ceux qui traiteront avec lui, et que les hypothèques qu'il leur aura concédées seront valables. Supposons maintenant, d'une part, que les créanciers, auxquels l'acheteur a affecté l'immeuble, s'inscrivent dans l'entre-temps de la vente à sa transcription ; d'autre part, que des créanciers hypothécaires du vendeur s'inscrivent pendant le même intervalle de temps, on nous demande alors si les créanciers de l'acheteur primeront, à supposer qu'ils soient les premiers inscrits, les créanciers du vendeur ?

Cette question ne saurait nous embarrasser, et nous trouvons dans Pothier les règles à suivre en pareille matière : « Après les créanciers privilégiés acquittés, » dit-il, on doit colloquer, avant tous les créanciers » du dernier propriétaire et possesseur, quelques pri- » viléglés qu'ils soient, tous les créanciers, chacun » selon son rang, du précédent propriétaire à qui ce » dernier a succédé, soit à titre universel, soit à titre » particulier ; car ce dernier propriétaire n'a pu » succéder à son auteur à l'héritage, qu'à la charge » de toutes les hypothèques dont il se trouvait » déjà chargé par son auteur ; et comme il n'a » pu transférer sur cet héritage, à ses propres » créanciers, plus de droit qu'il n'en avait lui- » même, il n'a pu le leur hypothéquer qu'à la » charge et après toutes les hypothèques de son » auteur. »

« D'ailleurs, les hypothèques des créanciers du der- » nier propriétaire, quelque ancienne que soit la date » de leurs créances, n'ont pu naître que depuis que » leur débiteur est devenu propriétaire ; et par con- » séquent elles sont postérieures à celles des précé- » dents propriétaires.

» Par la même raison, s'il se trouvait encore des » créanciers d'un premier propriétaire auquel l'auteur » du dernier eût lui-même succédé, tous les créan- » ciers de ce premier devraient être colloqués avant » ceux du second, comme ceux du second le doivent

» être avant ceux du dernier, et *sic in infinitum* (1). »

Telles sont les règles que nous devons suivre encore aujourd'hui. En effet, au regard des créanciers hypothécaires du vendeur et jusqu'à la transcription de l'acte d'aliénation, la vente par laquelle il a disposé de leur gage est *nulle*.

Or, si, à leur égard, la vente est nulle, les hypothèques, consenties par l'acheteur, sont également nulles, quant à eux, en vertu du principe : *Nemo plus juris in alium transferre potest, quam ipse habet.*

Et si les hypothèques consenties par l'acheteur sont nulles au regard des créanciers du vendeur, que nous importe, dès lors, que les créanciers de l'acheteur se soient inscrits avant ou après eux ; une hypothèque nulle ne saurait leur causer préjudice.

SECTION II. — Application de la loi nouvelle aux hypothèques légales.

La première question qui se présente en cette matière est précisément celle de savoir si la loi nouvelle est applicable aux hypothèques légales. Nous savons, en effet, que l'art. 6 de cette loi, par un renvoi formel aux art. 2123, 2127 et 2128 du Code Napoléon, déclare qu'elle régit les hypothèques conventionnelles et les hypothèques judiciaires, tandis qu'elle passe sous silence les dispositions relatives aux hypothèques légales, c'est-à-dire les art. 1017, 2115 et 2121. Que devons-nous conclure de ce silence ; l'art. 6 a-t-il

(1) Traité de l'hyp., ch. II, sect. III.

voulu excepter toutes les hypothèques légales de sa disposition ?

Bien que cette interprétation soit conforme aux termes de la loi, je ne puis me décider à l'admettre, et je crois que pour résoudre la difficulté, il faut distinguer, d'une part, l'hypothèque de la femme mariée, celle du mineur et de l'interdit, et, de l'autre, les autres hypothèques légales, telles que celles des communes ou de l'Etat.

Les premières, celles des femmes mariées, des mineurs et des interdits, ne sont pas soumises à la formalité de l'inscription, sauf le cas prévu par l'art. 8 de notre loi. Les créanciers, qui en sont nantis, peuvent, quoique non inscrits, suivre leur gage partout où il passe ; d'où, pour l'acquéreur qui le détient, l'obligation de les mettre, par des interpellations particulières, en demeure de produire leur droit. Alors, mais alors seulement, commence pour eux l'obligation de s'inscrire, et deux mois leur sont accordés à cet effet. Cette dérogation au droit commun, introduite dans le Code, fut respectée par l'art. 834 du Code de procédure, et rien n'indique que la loi nouvelle ait entendu la supprimer. Dès lors, qu'y a-t-il de plus naturel que des hypothèques dispensées de l'inscription ne figurent pas dans un article réglant l'époque à laquelle les hypothèques doivent être inscrites.

Quant aux hypothèques des communes, de l'Etat, du légataire, etc., qui toutes, au contraire, sont soumises à cette formalité, quelle raison aurait pu décider le législateur à les régir, non pas par l'art. 834 du Code de procédure, qui a été complètement abrogé, mais par l'art. 2166 du Code Napoléon, ainsi forcément rétabli quant à elles, et en vertu duquel elles ne pourraient plus être valablement inscrites, dès l'instant même que l'immeuble qu'elles grèvent serait sorti du patrimoine du débiteur, alors même que la transcription n'eût pas encore été effectuée. Comment croire, en effet, qu'on ait pu mettre au-dessous des hypothèques judiciaires et conventionnelles les hypothèques qui sont l'œuvre de la loi même; qu'on ait fait à l'Etat et aux communes une condition inférieure à celle qu'on accorde à un créancier ordinaire? Excepter toutes les hypothèques légales des dispositions de l'art. 6 eût été tout aussi illogique que de les y comprendre toutes. Il me semble, par conséquent, évident que les expressions employées par le législateur ont trahi sa pensée. Il a reproduit, dans la loi de 1855, l'énumération contenue dans l'art. 834 du Code de procédure qui ne renvoyait, non plus, qu'aux art. 2123, 2127 et 2128 du Code Napoléon ; or, on n'a jamais mis en doute que l'art. 834 ne s'appliquât aux hypothèques légales non dispensées d'inscription. Donc, il est permis de dire qu'à part les hypothèques légales des femmes, des mineurs et des interdits, qui restent régies par le principe protecteur des art. 2194 et 2195 du Code Napoléon, toutes les autres appartiennent à la règle nouvelle. Ainsi, elles peuvent être utilement inscrites, tout comme les hypothèques conventionnelles et les hypothèques judiciaires, même après l'aliénation de l'immeuble et aussi longtemps que l'acquéreur n'a pas fait transcrire son titre. Les hypothèques qui n'auront pas été inscrites à la date de la transcription resteront dénuées de tout effet.

Parmi les hypothèques légales soumises aux règles de l'art. 6, il faut encore mentionner, outre les hypothèques de l'Etat, des communes, des établissements publics et du légataire, les privilèges soumis à la formalité de l'inscription, et qui n'ont pas été inscrits en temps utile (C. N., art. 2113); l'hypothèque des créanciers de la faillite sur les immeubles du failli, concordataire ou non (C. comm. 490 et 517).

Il faut y comprendre enfin, même les hypothèques de la femme, des mineurs et des interdits, que l'art. 8 de notre loi fait rentrer dans la règle générale, lorsque vient à cesser la cause qui les a fait dispenser de la formalité de l'inscription ; c'est-à-dire, lorsque la femme est devenu veuve, lorsque le mineur a atteint sa majorité, ou que l'interdit est sorti des liens de l'interdiction. Le législateur de 1855 a pensé, avec raison, qu'il était inutile de prendre en main l'intérêt de personnes habiles à se protéger elles-mêmes. Elle a voulu faire cesser l'anomalie que présentait le Code, en ne subordonnant pas l'exception introduite en faveur de la femme, des mineurs ou interdits à leur incapacité, bien que ce fût sur elle seule que cette exception reposât.

Tel a été le but de l'art. 8, ainsi conçu : « Si la » veuve, le mineur, devenu majeur, l'interdit, relevé » de l'interdiction, leurs héritiers ou ayants-cause, » n'ont pas pris inscription dans l'année qui suit la » dissolution du mariage, ou la cessation de la tutelle, » leur hypothèque ne date, à l'égard des tiers, que du » jour des inscriptions prises ultérieurement. »

Ainsi, indépendamment du droit commun, l'art. 8 donne aux personnes qu'il énumère un délai d'un an pour s'inscrire, à partir de la dissolution du mariage ou de la cessation de la tutelle. De telle sorte que si un immeuble du mari ou du tuteur était vendu dans le cours de cette année, la veuve et le pupille, devenu majeur, conserveraient le droit, nonobstant la transcription opérée, de prendre inscription jusqu'à l'expiration du délai. De même, si, à l'expiration du délai, la transcription n'avait pas encore eu lieu, ils conserveraient le droit de s'inscrire, en vertu du droit commun, c'est-à-dire conformément aux prescriptions de l'art. 3 de notre loi. S'il en était autrement, le délai qui leur est accordé, loin d'être une faveur, serait, dans certains cas, une restriction au droit commun. Mais, si l'inscription n'a pas été prise dans l'année, et que la transcription de l'acte d'aliénation ait eu lieu, la déchéance sera encourue.

Toutefois, il est un cas, suivant M. Troplong, où le délai d'un an pourrait se trouver prorogé, du fait même de l'acquéreur et malgré la transcription. C'est, dit-il, lorsque le tiers détenteur commence, dans l'année même, la procédure du purgement, édictée par l'art. 2194 (C. N.). Il ne pourra pas se plaindre que la veuve ou le mineur s'inscrive dans les délais propres à cette procédure ; car cet acquéreur aura fait lui-même sa condition ; il aura traité la veuve et le mineur comme le Code Napoléon veut qu'on les traite ; il n'aura rien à leur dire s'ils répondent à l'appel qu'il leur fait (1).

Pour moi, je suis d'un avis contraire, et je crois que si le bénéficiaire de l'hypothèque laisse s'écouler, sans se mettre en règle, l'année dans laquelle elle doit être inscrite, il ne pourra plus le faire, alors même que les deux mois fixés par l'art. 2194 ne seraient pas

(1) De la transcription, N. 316.

encore écoulés. En effet, M. Troplong convient que, si l'acquéreur, se plaçant au point de vue de l'art. 8 de notre loi, attend les inscriptions et n'en voit pas venir, il n'aura pas de purge à faire, l'expiration du délai l'aura dégagé de plein droit. Or, si l'acquéreur n'a pas attendu l'expiration de l'année pour commencer la purge, n'en faut-il pas conclure, qu'il a voulu gagner du temps, et non pas renoncer au bénéfice de l'extinction éventuelle établie à son profit : il entend certainement alors que si l'hypothèque, contre laquelle il procède, vient à s'éteindre par une autre cause que la purge, il pourra, laissant là les procédures commencées, profiter de l'extinction qui les constituera inutiles et désormais sans objet.

Dès lors, lorsque l'année accordée comme délai est expirée, deux cas sont à considérer :

L'hypothèque a-t-elle été inscrite en temps utile, elle participera à la fois, quant aux actes à venir, aux avantages des hypothèques inscrites, et, quant à ses effets légaux et accomplis, aux prérogatives des hypothèques dispensées de l'inscription. Comme le dit très-bien M. Pont : « Lorsque l'hypothèque a été inscrite, » le droit du créancier hypothécaire est fixé ; mais il » reste dans les conditions mêmes où il a été origi- » nairement établi ; c'est l'effet de l'inscription qui, » ayant été faite en temps utile, a consolidé ce droit » et lui a permis de se produire tel que le Code l'a » constitué (1) ».

Ainsi, a-t-il été inscrit au cours d'une procédure à fin de purge légale, cette procédure devient sans

(1) Priv. et hyp. N. 851.

objet, et doit être remplacée par les notifications auxquelles ont droit les créanciers inscrits (art. 2183-2184 C. N.). Quant au rang qui devra lui être assigné, il sera réglé, non point suivant le droit particulier aux hypothèques inscrites, mais d'après les dispositions privilégiées de l'art. 2135, en faveur des femmes et des mineurs.

L'année s'est-elle écoulée, sans qu'il intervienne aucune inscription, l'hypothèque rentre désormais, quant à la conservation et à l'efficacité des droits de suite et de préférence, dans le droit commun des hypothèques :

Une vente a-t-elle eu lieu et l'acte en a-t-il été transcrit, avant que l'hypothèque ait été inscrite, la déchéance sera encourue.

Mais à l'égard de qui le sera-t-elle? se demande M. Troplong. Sera-ce tant à l'égard de l'acquéreur qu'à l'égard des créanciers hypothécaires de ce dernier?

En ce qui touche les créanciers hypothécaires, il ne peut y avoir de difficulté. Il est manifeste, comme le dit M. Troplong (1), que c'est seulement par une inscription, prise dans l'année, que la veuve et le mineur devenu majeur peuvent entrer en concours avec eux.

En ce qui concerne l'acquéreur, on peut objecter qu'au moment où il a acheté, l'hypothèque, jusque-là dispensée d'inscription, avait marqué de son empreinte l'immeuble par lui acquis ; que cet immeuble a passé dans ses mains grevé de cette charge, la-

(1) De la transcript. N. 317.

quelle ne saurait plus être éliminée que par la purge ; que c'est alors seulement que l'inscription pourra être utile et qu'elle devra se manifester à peine de déchéance.

Mais il faut répondre, avec M. Troplong, que l'art. 8 ne distingue pas entre le tiers acquéreur et les créanciers hypothécaires ; qu'il serait arbitraire d'admettre une distinction que la loi ne fait pas, et qui, du reste, serait contraire à son esprit et à son but, qui est de faciliter l'affranchissement de l'immeuble dans l'intérêt du tiers acquéreur.

Peut-être nous objectera-t-on ces mots de l'art. 8 : « leur hypothèque ne date, à l'égard des tiers, que » du jour des inscriptions prises ultérieurement » ; peut-être nous dira-t-on qu'ils indiquent un concours, un ordre à observer entre divers créanciers, choses tout-à-fait étrangères au tiers acquéreur ? Que si la déchéance devait être encourue à son égard, faute d'inscription dans l'année, ce ne serait pas seulement la date de leur hypothèque qui serait perdue, mais leur hypothèque elle-même.

Il serait encore facile de répondre que cet article a employé une formule générale qui peut s'appliquer à tous les cas et à toutes les personnes. Que ce qu'il veut dire, et que ce qu'il dit, en effet, c'est que si les personnes par lui énumérées laissent passer l'année de grâce qui leur est accordée pour prendre inscription, sans remplir cette formalité, leur position, vis-à-vis des tiers, ne sera plus que celle de tout autre créancier non inscrit, lequel peut encore prendre inscription, sans effet rétroactif à la date primitive de son hypothèque, tant que l'acquéreur des biens grevés n'a pas fait transcrire, mais ne le peut plus dès que la transcription a été opérée.

J'ai adopté, dans la question que je viens d'étudier, la solution donnée par M. Troplong; mais je ne pense pas, comme il semble le faire, que cette solution doive être limitée à l'hypothèse d'un tiers ayant acheté et fait transcrire dans l'année de la dissolution du mariage, ou de la cessation de la tutelle. Selon moi, elle devra être la même, respectivement à un acquéreur qui aurait acheté durant le cours du mariage ou de la tutelle, et qui n'aurait fait transcrire que depuis le décès du mari, ou la majorité du pupille, comme, respectivement, aux créanciers hypothécaires du tuteur ou du mari. L'art. 8 ne fait pas de distinction.

Les principes que nous venons d'indiquer reçoivent leur application dès que la tutelle a cessé, soit par le décès du mineur, soit par sa majorité. Néanmoins, l'art. 8 ne parlant que des héritiers du mineur devenu majeur, il en résulte qu'à le prendre à la lettre, il ne s'appliquerait pas aux héritiers du mineur, lorsqu'il est décédé en état de minorité. Mais qui ne voit que l'entendre dans un sens si peu conforme à son esprit, ce serait abuser des mots et oublier que, dans l'interprétation d'une loi, on doit rechercher ce qu'elle a voulu, plutôt que s'attacher aux équivoques. Or, la loi de 1855 a parlé du mineur devenu majeur, pour faire comprendre que sa disposition ne s'applique ni au cas où la tutelle prend fin par le décès du tuteur, l'état de minorité subsistant, ni à celui où elle cesse par l'émancipation du mineur ; car, dans ces cas, il reste un incapable à protéger. Mais le législateur, en énonçant ensuite les héritiers ou ayants-cause, n'a pu avoir l'intention de les dispenser de la nécessité de l'inscription, lorsque le mineur est décédé en état de minorité. Quel incapable avait-il dès lors à protéger ? Interpréter la loi dans le sens contraire, ne serait-ce pas traiter les héritiers plus favorablement que celui dont ils ont pris la place !

Une objection du même genre a été faite pour la femme. On a dit que l'art. 8, n'ayant parlé que de la veuve et de ses ayants-cause, sa disposition ne devait pas s'appliquer aux héritiers de la femme décédée avant son mari.

Il est facile de répondre qu'à la vérité, l'art. 8 ne parle que de la veuve ; mais qu'il est évident que c'est la fin de l'union conjugale qui a été prise en considération par le législateur, comme point de départ de la nécessité de la publicité de l'hypothèque ; que le prédécès de la femme dissout le mariage tout aussi bien que le prédécès du mari, et que, dès lors, il n'y a pas de raison de décider différemment dans les deux cas.

Pour conclure, nous devrons donc dire qu'il est indifférent que la femme soit décédée dans le mariage ou qu'elle soit décédée veuve ; que le mineur ait cessé de vivre pendant sa minorité ou après avoir atteint sa majorité, que l'interdit soit mort en état d'interdiction ou relevé de cet état : leurs héritiers doivent, dans l'un et l'autre cas, inscrire l'hypothèque occulte qu'ils tiennent d'eux. Seulement, dans la première hypothèse, ils ont, pour se mettre en règle, un an, à compter de la dissolution du mariage ou de la cessation de la tutelle par la mort de la femme, du mineur ou de l'interdit qu'ils représentent. Dans la seconde, le délai dans lequel ils doivent agir, n'embrasse que le temps qui, au moment du décès de leur auteur, restait à courir de l'année qui avait déjà pris cours par le décès du mari, la majorité du pupille, ou le jugement qui a relevé l'interdit de son état d'interdiction.

A cette interprétation de l'art. 8, la Cour de Bordeaux a vu une objection, dans le cas où les héritiers de la femme, décédée avant son mari, seraient ses propres enfants mineurs, placés sous la tutelle de leur père, parce qu'alors « il y aurait lieu de craindre, dit-elle, que celui-ci, omettant à dessein l'inscription de l'hypothèque légale de sa femme sur ses propres biens, dans les délais de l'art. 8, ne dût causer, par suite de cette omission, à ses enfants, comme héritiers de leur mère, un préjudice irréparable dans certaines éventualités » (1).

La Cour de Grenoble a passé outre, et voici en quels termes, dans un arrêt rendu le 29 avril 1858, elle a répondu à l'objection précédente : « — Attendu, a-t-elle dit, que l'héritier de la femme, dans le cas même où, au moment de la dissolution du mariage, il se trouverait mineur et, à ce titre, soumis à la tutelle de son père, débiteur des reprises hypothécaires, n'a, comme la femme elle-même, pour inscrire l'hypothèque à laquelle il succède, que le délai d'une année à partir de la dissolution du mariage, sans pouvoir y ajouter le temps accordé au mineur pour inscrire contre son tuteur ; qu'en effet, cette interprétation est la seule que permette le sens littéral des termes dans lesquels est conçu l'art. 8 dont il s'agit, termes qui placent les héritiers de la femme sur la même ligne qu'elle, sans faire aucune distinction entre le cas où

(1) Bordeaux, 12 mars 1860, D. p. 61. 2. 07.

ces héritiers sont mineurs et celui où ils ont atteint leur majorité ; que cette interprétation est également la seule qui puisse se concilier avec l'esprit de la loi du 23 mars 1855 ; que l'objet spécial de cette loi a été de soumettre à la publicité, dans l'intérêt du crédit immobilier, les hypothèques que la loi précédente laissait occultes, en les dispensant de l'inscription ; que, si un délai d'une année, après la dissolution du mariage, a été accordé à la femme devenue veuve, ou aux héritiers de la femme prédécédée, pour remplir cette formalité, c'est à titre de faveur, et à raison de leur position particulière à la dissolution du mariage ; que, donner aux héritiers de la femme, quand ils seraient mineurs, un second délai, lequel durerait pendant tout le cours de la tutelle, et une année après sa cessation, délai que d'autres minorités pourraient accroître encore, aurait évidemment pour conséquence de prolonger indéfiniment l'inconvénient auquel l'art. 8 a précisément voulu obvier ; — attendu que les héritiers de la femme ne peuvent être traités autrement que celle dont ils sont les représentants ; qu'il est essentiel d'observer que le cas où les titulaires de l'hypothèque légale de la femme se trouvent, par leur état de minorité, placés sous la tutelle de leur père, qui est en même temps le débiteur de leur créance, n'offre point une situation qui ne pût se réaliser dans la législation antérieure ; que, par exemple, dans l'hypothèse de l'art. 2194 C. N., où le tiers acquéreur des biens du mari veut les purger de l'hypothèque légale, non inscrite, de la femme prédécédée, il suffit de la notification au subrogé tuteur, ou au procureur impérial du dépôt du contrat au greffe, pour faire courir, contre les héritiers mineurs de la femme, le délai de deux mois, donné pour inscrire leur hypothèque; que, dans ce cas, l'inscription, prescrite à peine de déchéance, doit être faite principalement à la diligence du subrogé tuteur, chargé, aux termes de l'art. 420 C. N., d'agir pour les intérêts du mineur, lorsqu'ils seraient en opposition avec ceux du tuteur; que la disposition formelle de l'art. 8 de la loi du 23 mars 1855 équivaut à la simple notification ordonnée, pour le cas de purge, par l'art. 2194 précité; qu'ainsi les héritiers de la femme, mineurs, possèdent, sous la loi nouvelle, les mêmes garanties dont ils jouissaient sous la législation précédente... » la Cour décide que les héritiers mineurs de la femme sont soumis aux dispositions de l'art. 8 de la loi nouvelle (1).

Cette jurisprudence a été vivement combattue. Un jurisconsulte éminent, M. Nicollet, conseiller à la Cour de Grenoble, a soutenu, dans un article inséré dans la Revue critique de législation et de jurisprudence (2), qu'au cas où l'hypothèque occulte, établie sur les biens du mari, passe de la femme décédée à leur enfant mineur, l'obligation de l'inscrire ne prend naissance qu'à compter du jour où l'enfant, en la personne duquel elle réside, sort, par sa majorité ou son décès, de la tutelle de son père.

Avec lui, nous critiquerons volontiers la loi; avec lui, nous dirons qu'il est bizarre d'admettre que le mineur soit, en quelque sorte, tout à la fois *capable* et *incapable* de se protéger lui-même : capable à l'ef-

(1) Dalloz, p. 61, 2. 68.
(2) Rev. crit., année 1858, t. XIII, p. 548.

fet d'inscrire l'hypothèque légale que sa mère lui a transmise, et incapable de conserver l'hypothèque dont il est investi de son propre chef. Avec lui, nous reconnaîtrons que notre loi de 1855, qui se propose de protéger les tiers avec lesquels le mari pourra dans l'avenir se mettre en rapport, ne peut atteindre ce but quand la femme laisse pour héritiers ses enfants mineurs sous la tutelle paternelle, puisqu'à ce titre ils seront investis, de leur propre chef, d'une hypothèque occulte.

Que la loi soit bizarre, inconséquente, imparfaite, je l'admets ; nous n'en avons que trop de preuves. Mais, en définitif, si nous avons le droit de la critiquer, du moins ne pouvons-nous la modifier : *Disjuncta, distortaque lex, sed lex.*

Or, quelque favorable que paraisse l'interprétation de M. Nicollet, l'art. 8 semble trop formel pour qu'il soit permis d'y introduire des distinctions que sa rédaction et son esprit ne comportent point. Il faut donc décider que l'arrêt de la Cour de Grenoble est juridique, au point de vue de l'hypothèque légale de la femme, et dans le cas où les mineurs, héritiers de celle-ci, en réclameraient l'effet à la date du mariage de leur mère. En effet, l'art. 8, comme nous l'avons dit, est applicable aux héritiers mineurs aussi bien qu'aux héritiers majeurs. Tous, sans distinction, auront à la mort de leur auteur un délai d'un an pour s'inscrire, faute de quoi, le droit commun leur sera applicable.

La circonstance que les héritiers de l'incapable seraient eux-mêmes en état de minorité ou d'interdiction ne saurait suspendre le délai d'une année fixé par l'art. 8 pour l'inscription de l'hypothèque légale.

L'art. 2252 du Code Napoléon dit bien, il est vrai, que la prescription ne court pas contre les mineurs et les interdits ; mais il ajoute : sauf ce qui est dit à l'art. 2278, et à l'exception des autres cas déterminés par la loi. Ce dernier article est relatif à certaines prescriptions de courte durée, et il porte que ces prescriptions courent contre les mineurs et les interdits, sauf leur recours contre leurs tuteurs. Par son texte, il ne peut régir le délai de l'art. 8, qui n'existait pas alors ; mais la solution que nous indiquons rentre sans contredit dans son esprit. En effet, il s'agit ici d'une prescription entraînant déchéance ; or, les prescriptions de déchéance sont précisément celles qui courent contre les mineurs.

Après avoir inutilement cherché à échapper aux dispositions de l'art. 8 de la loi nouvelle, c'est donc en vain que des héritiers mineurs invoqueraient les dispositions de l'art. 2252 (C. N.). Ils restent soumis à la règle générale ; en conséquence :

Se sont-ils inscrits dans l'année, ils conservent la créance de leur mère, qui date du jour du mariage.

Ont-ils laissé passer l'année sans prendre inscription, la créance, qui leur vient de leur mère et qui devait être inscrite, est perdue.

Mais la perte de cette créance a précisément pour effet de donner naissance à une autre créance. Le mineur ne peut jamais être complètement dépouillé ; ce qu'il échappe d'une main, il le rattrape de l'autre. En effet, une hypothèque légale est donnée au mineur contre son tuteur, à raison de la gestion de ce dernier ; cette hypothèque s'applique, par conséquent, à tout ce que le tuteur peut devoir au mineur, soit pour recettes effectuées, soit pour celles que, par négligence ou par tout autre motif, il n'aurait pas faites, soit pour dommages-intérêts à raison des fautes qu'il aurait commises dans sa gestion. Une des obligations du tuteur, père des héritiers, était, lors du décès de sa femme, de prendre inscription sur lui-même, au nom de ses enfants mineurs, pour la conservation de l'hypothèque légale de leur mère. Il ne l'a pas fait. Sa négligence doit donc donner lieu contre lui à une action en indemnité, qui sera l'équivalent du préjudice éprouvé par ces mineurs pour la perte de l'hypothèque de leur mère, faute d'inscription dans l'année de la dissolution du mariage ; et cette action en indemnité sera garantie par l'hypothèque légale, puisque c'est un fait de gestion.

Nous pourrions dire alors que la créance de la mère s'est en quelque sorte transformée ; qu'elle est devenue une créance pupillaire des enfants contre leur père tuteur, créance garantie, comme la première, par une hypothèque légale, dispensée de l'inscription sur les immeubles de celui-ci, mais remontant, non plus *au jour du mariage*, mais *au jour de l'acceptation de la tutelle*. (Art. 2135 C. N.) Là est la différence entre les deux créances.

Pour compléter l'énumération des hypothèques légales qui doivent être inscrites, nous devons encore y faire figurer l'hypothèque de la femme lorsqu'elle l'a cédée ou qu'elle y a renoncé. Ces actes de cession ou de renonciation ont été, en effet, soumis au régime de la publicité par l'art. 9 de la loi du 23 mars 1855. On sait qu'autrefois la préférence entre les cessionnaires de la même hypothèque se réglait par la date des cessions qui, bien qu'occultes, étaient opposables aux tiers à partir du moment où elles avaient acquis date certaine. La femme pouvait ainsi subroger vingt créanciers et en tromper dix-neuf. Cette fraude n'est plus possible désormais ; les cessions ne sont plus, en effet, opposables aux tiers qu'à partir du jour où elles ont été rendues publiques par une inscription de l'hypothèque cédée, prise au profit du subrogé, ou par une mention de la cession en marge de l'inscription précédemment prise au nom de la femme. Les dates des mentions ou inscriptions déterminent l'ordre dans lequel les cessionnaires doivent être colloqués.

Cette matière, bien qu'il y soit question d'inscription d'hypothèques, est en dehors de notre sujet. En effet, que l'immeuble hypothéqué à la femme ait été vendu, que cette vente ait été transcrite, peu nous importe ; l'hypothèque de la femme n'en subsiste pas moins, et l'inscription, que le cessionnaire de cette hypothèque aura faite, depuis la transcription de la vente, n'en sera pas moins valable. L'art. 9 n'avait pas à protéger les acquéreurs de l'immeuble ou leurs créanciers hypothécaires, puisque la cession que la femme fait de son hypothèque légale ne change en rien leur position ; les cessionnaires seuls pouvaient souffrir de la clandestinité des cessions ; seuls, ils devaient être protégés.

CHAPITRE II.

INSCRIPTION DES PRIVILÉGES.

SECTION I. — Application de la loi nouvelle aux priviléges généraux de l'art. 2101 du Code Napoléon.

Le privilége, comme l'hypothèque, engendre deux droits, un droit de suite et un droit de préférence. Faute d'inscription dans les délais voulus, ces deux droits ne peuvent prendre naissance et le privilége demeure *vanum* et *inane jus*. Telle est la règle générale ; à ce titre, nous devons l'appliquer chaque fois que dans la loi nous ne trouverons pas une exception formellement exprimée.

Partant de ce principe, il nous sera facile de répondre à la question suivante : « L'art. 6 de la loi du 23 mars 1855 est-il applicable aux priviléges généraux de l'art. 2101 du Code Napoléon ? »

Le doute est venu de ce que, en matière de priviléges généraux, la règle de l'art. 6 de notre loi étant limitée par l'exception de l'art. 2107 du Code Napoléon, qui dispense ces priviléges de la formalité de l'inscription, on s'est demandé comment on pouvait leur appliquer une déchéance que l'art. 6 fait résulter uniquement du défaut d'inscription. Raisonner ainsi, c'est vouloir résoudre une difficulté avant de s'assurer qu'elle existe réellement ; car si l'on se fut donné la peine de rechercher à quels cas doit s'appliquer soit la règle, soit l'exception, on se serait aperçu que toutes deux pouvaient recevoir leur application, sans être mises en présence.

L'art. 2107, en effet, n'est relatif qu'au *droit de préférence*, puisqu'il se trouve placé dans une section qui n'a trait qu'à ce seul droit, ainsi que l'indiquent ces mots de l'art. 2106 : « *entre créanciers*, les privilèges ne produisent d'effet, etc. »

L'art. 6, limité par l'art. 2107, ne peut donc l'être que quant au *droit de préférence*. Quant au *droit de suite*, il conserve toute son efficacité, c'est-à-dire que les privilèges généraux qui n'étaient pas inscrits à la date de la transcription de l'acte par lequel le débiteur grevé a disposé de l'immeuble qu'ils affectent, doivent être, quant au *tiers acquéreur*, considérés comme inexistants, tandis que vis-à-vis *des autres créanciers*, ils subsistent et produisent leurs effets.

Le droit de préférence et le droit de suite peuvent en effet exister séparément ; ils sont indépendants l'un de l'autre : le premier ne s'exerce que sur le prix de vente de l'immeuble, le second est en quelque sorte rivé à l'immeuble lui-même et le suit en quelques mains qu'il passe ; l'un ne s'exerce que contre les créanciers du vendeur, l'autre contre l'acquéreur. Dès lors qu'a d'impossible la survie du droit de préférence au droit de suite ?

Toutefois, l'exercice du droit de préférence sera alors subordonné à deux conditions :

La première, c'est qu'il ne cause aucun préjudice à l'acquéreur entre les mains duquel l'immeuble demeure désormais libre et dégagé de toute charge ; c'est la conséquence de l'extinction du droit de suite.

La seconde, c'est qu'il faut qu'au moment où le prix a été fixé, le créancier qui prétend exercer sur ce prix un droit de préférence ait ou un droit réel sur l'immeuble qui l'a produit ; en d'autres termes, il faut que le prix ait été fixé avant l'extinction du droit de suite, autrement le droit de préférence ne pourrait se suffire à lui-même.

Des espèces feront comprendre notre pensée :

L'immeuble grevé a-t-il été vendu, c'est-à-dire aliéné en retour d'une somme d'argent, et les créanciers privilégiés de l'art. 2101 n'ont-ils en regard d'eux que des créanciers chirographaires, nous devons admettre la survie du droit de préférence au droit de suite. En effet, dans ce cas, nos deux conditions se trouvent parfaitement remplies : le droit de préférence recevra son effet sans faire préjudice à l'acquéreur, puisque, une fois son prix payé, aucun créancier ne pourra recourir contre lui, alors même qu'il n'aurait pas été désintéressé par suite de l'intervention de créanciers munis de priviléges généraux non inscrits. En second lieu, au moment où l'immeuble a été transformé en argent, le droit réel qui l'affectait et qui servait de fondement au privilége subsistait encore ; ce n'est que plus tard, et par l'effet de la transcription de la vente, que sa libération a eu lieu, faute d'inscription. Or, cette libération qui fait obstacle au droit de suite ou de surenchère, n'entrave en rien l'exercice du droit de préférence. Le droit réel que les créanciers avaient sur l'immeuble, au moment où il a été transformé en argent, a disparu ; mais qu'importe ? ils n'en ont plus besoin : le droit de préférence peut se suffire à lui seul ; la somme à distribuer est là, entre les mains de l'acheteur, pour être distribuée à qui de droit, et, par conséquent, aux créanciers en ordre de la recevoir, c'est-à-dire, dans l'espèce, à ceux qu'à raison de leur qualité, et indépendamment de toute inscription, la loi préfère à tout autre. Les créanciers munis de priviléges généraux ne sont-ils pas dans cette condition ? (Art. 2101 et 2107.)

L'immeuble grevé a-t-il été aliéné en retour d'une somme d'argent, mais les créanciers munis de priviléges généraux non inscrits se trouvent-ils en regard de créanciers inscrits, notre solution est toute différente : nous ne pouvons plus admettre, dans tous les cas, l'exercice du droit de préférence. En effet, au cas où le prix de vente de l'immeuble ne serait pas suffisant pour désintéresser et les créanciers inscrits et ceux dispensés de l'inscription par l'art. 2107, si ces derniers pouvaient invoquer, quand même, leur droit de préférence, c'est en réalité contre le tiers acquéreur qu'ils le produiraient, puisque l'exclusion dont ils menaceraient les créanciers inscrits mettraient ceux-ci dans la nécessité d'user, au préjudice de l'acquéreur, de leur droit de surenchère. La première de nos deux conditions ne serait donc plus remplie.

Enfin, l'immeuble grevé a-t-il été aliéné autrement qu'en retour d'une somme d'argent, et notamment à titre de donation ou d'échange, dans ce cas le droit de préférence sera encore impossible. Sur quoi, en effet, prétendrait-on l'établir ? Sur l'immeuble aliéné ? Mais, dans l'espèce, l'immeuble est dégagé de toute affectation et doit demeurer libre entre les mains de son nouveau propriétaire (art. 6.) D'ailleurs, un droit de préférence ne peut s'exercer que sur un prix. Sur le prix? Mais, dans l'espèce, il n'y a point de prix, puisque l'immeuble a été aliéné à titre de donation ou d'échange. Donc, le droit de préférence ne peut être exercé. Que si plus tard l'immeuble est transformé en argent, soit volontairement par le donataire ou le coéchangiste auquel il appartient, soit par l'effet d'une expropriation forcée poursuivie par quelqu'un de ses créanciers personnels ou par l'un des créanciers inscrits du chef de l'aliénateur, le prix qui en proviendra ne sera, quant aux créanciers envers lesquels il a cessé d'être obligé faute d'inscription (art. 6), que la représentation d'un bien libre. Dans cette dernière hypothèse, c'est donc la seconde de nos conditions qui fait défaut.

C'est ainsi, qu'en ne perdant jamais de vue les deux conditions que nous avions établies pour l'exercice du droit de préférence, nous sommes arrivés à des solutions qui ont tout au moins le mérite d'être logiques.

SECTION II. — Application de la loi nouvelle au privilége des ouvriers.

L'art. 2103, n° 4, C. N., accorde un privilége aux architectes, entrepreneurs, maçons et autres ouvriers employés pour édifier, reconstruire ou réparer des bâtiments, canaux ou autres ouvrages quelconques, pourvu néanmoins que, par un expert nommé d'office par le tribunal dans le ressort duquel les bâtiments sont situés, il ait été dressé préalablement un procès-verbal, à l'effet de constater l'état des lieux, relativement aux ouvrages que le propriétaire déclarera avoir dessein de faire, et que les ouvrages aient été, dans les six mois au plus de leur perfection, reçus par un expert également nommé d'office. Mais le montant de ce privilége, ajoute l'article, ne peut excéder les valeurs constatées par le second procès-verbal, et il se réduit à la plus-value existant à l'époque de l'aliénation de l'immeuble et résultant des travaux qui ont été faits. Le même privilége appartient à ceux qui ont prêté les deniers pour payer ou rembourser les ouvriers.

Quant à la conservation du droit de préférence qu'il confère, ce privilége est soumis aux règles tracées dans les art. 2106 et 2110. Le premier renferme la règle générale, à savoir : « qu'entre créanciers, les priviléges » ne produisent d'effet à l'égard des immeubles qu'au- » tant qu'ils sont rendus publics par inscription sur » les registres du conservateur des hypothèques, de » la manière déterminée par la loi, et à compter de la » date de cette inscription. »

Le second, c'est-à-dire l'art. 2110, nous enseigne que, dans le cas particulier du privilége des ouvriers, l'inscription doit être double et comprendre : 1° le procès-verbal qui constate l'état des lieux ; 2° le procès-verbal de réception.

Ce n'est pas sans éprouver une sorte d'effroi que j'arrive à l'art. 2106, resté jusqu'à ce jour, comme tant d'autres questions, le désespoir de la raison. Pris à la lettre, il signifie, en effet, que le rang des créances privilégiées se détermine eu égard à la date de leurs inscriptions ; mais alors, je vous le demande, si l'inscription fixe, par sa date, le rang que les priviléges doivent tenir, soit entre eux, soit dans leurs rapports avec les hypothèques, que devient l'art. 2095 qui, sans avoir aucun égard à la priorité du temps, les met par essence au-dessus des simples hypothèques ; que devient l'art. 2096, aux termes duquel les priviléges se classent d'après les *qualités* des créances qu'ils garantissent. En un mot, prenons l'art. 2106 dans son sens littéral, et les priviléges immobiliers disparaissent de notre Code, ils ne sont plus, au fond, que des hypothèques légales réglées, non plus que par le principe : *privilegia non tempore æstimantur, sed ex causâ*, mais par la maxime : *qui prior tempore, potior jure.*

On a pensé, avec raison, que le législateur n'avait pu se mettre, d'une manière aussi flagrante, en contradiction avec lui-même, et pour arriver à une explication plus satisfaisante de l'art. 2106, deux systèmes principaux ont été mis en avant.

Dans un premier système, on a recours à une explication historique. Les art. 2106, 2108 et 2110, dit-on, ont été copiés dans la loi de brumaire qui a servi de guide aux rédacteurs du Code. Or la loi de brumaire disait formellement que le privilége de l'ouvrier n'est à l'abri de toute atteinte et ne se conserve intact qu'autant qu'il l'a rendu public par une inscription *antérieure au fait même de sa naissance.*

Donc, la même règle ayant été maintenue dans le Code, de deux choses l'une :

Les ouvriers ont-ils commencé leurs travaux sans faire, au préalable, inscrire le procès-verbal qui constate l'état des lieux, la plus-value qu'ils créent entre alors *entière* dans le patrimoine du propriétaire, où elle se trouve, instantanément et de plein droit, frappée des hypothèques inscrites sur l'immeuble dont elle est devenue une partie intégrante. Les ouvriers négligents n'ont alors qu'une *simple hypothèque*, dont le rang est fixé par la date même de leur inscription.

N'ont-ils procédé aux travaux qu'après avoir, au préalable, fait inscrire le procès-verbal constatant l'état des lieux, alors tous les ayants-cause du propriétaire, quels qu'ils soient, les créanciers hypothécaires antérieurs aux travaux et ceux qui le sont devenus depuis la création de la plus-value, entrée dans son patrimoine, tous ont été suffisamment prévenus qu'elle n'y est entrée que sous la déduction du *privilége* retenu par l'ouvrier, qui, par conséquent, les prime tous, conformément au principe que le privilége, à raison même de sa nature, l'emporte sur les hypothèques, *nonobstant l'antériorité de leurs inscriptions*.

Quant au procès-verbal de la réception des travaux, la loi de brumaire, pas plus que le Code, n'ayant fixé de délai pour son inscription, les partisans du premier système admettent que cette inscription peut être formalisée utilement à toute époque, et qu'ainsi, fût-elle prise au dernier moment, elle rétroagit à la date du premier procès-verbal.

Je ne saurais accepter ce premier système ; qu'il s'appuie ou non sur la loi de brumaire, il me semble que l'explication qu'il donne n'est guère satisfaisante, et j'avoue, qu'en dépit de nombreux efforts, je ne suis jamais arrivé à comprendre comment, dans ce système, on pouvait avoir la prétention de concilier les articles 2106, 2095 et 2096. En effet, ce système ne conduit-il pas à dire que dans le cas où l'ouvrier commence les travaux, sans faire, au préalable, inscrire le procès-verbal de l'état des lieux, son privilége dégénère en simple hypothèque et sera primé par toutes les hypothèques précédemment inscrites. Or, cela ne revient-il pas à dire que le rang du privilége sera subordonné à son inscription, et n'est-ce point précisément dans ce résultat que consiste la contradiction de l'art. 2106 avec les art. 2095 et 2096. On est donc forcé de reconnaître que l'explication du premier système ne nous tire pas du tout d'embarras, et que loin de résoudre la difficulté, il vient lui prêter appui.

Pour nous, laissant de côté les expressions inexactes de l'art. 2106, et ne nous attachant qu'aux règles qui sont de l'essence des priviléges, nous pensons que leur rang, au lieu d'être subordonné à la date de l'inscription, en est complètement indépendant ; en un mot, que, dans notre espèce, le privilége de l'ouvrier conserve toutes ses prérogatives, quelle que soit la date de l'inscription du premier procès-verbal, et qu'ainsi l'ouvrier, auquel il appartient, prime tous les créanciers hypothécaires, alors même qu'il ne s'est inscrit qu'après l'achèvement des travaux.

C'est ce que nous allons démontrer.

Quelle est la règle générale énoncée dans l'art. 2106 ? — C'est que, pour avoir droit d'invoquer un privilége, il faut préalablement le faire inscrire. Tant qu'il n'est pas rendu public, il n'est point opposable aux tiers ; que si, au contraire, une inscription intervient qui lui imprime le mouvement et la vie, dès ce moment, il produit son effet.

Quel effet ? — Mais évidemment l'effet qui lui est propre, qui est de son essence, c'est-à-dire un effet indépendant du temps, se produisant dans le passé aussi bien que dans l'avenir ! C'est, en effet, ce que la loi laisse entendre dans l'art. 2096, où elle décide en thèse « qu'entre les créanciers privilégiés la préférence » ou le *rang* se règle par les différentes qualités des » priviléges. » C'est ce qu'elle exprime bien plus énergiquement encore lorsqu'elle décide, dans l'art. 2095, qu'à *raison de sa qualité*, la créance privilégiée l'emporte sur les autres créances, même hypothécaires.

Je sais quelles objections soulève la rétroactivité que nous voulons attribuer à l'inscription des priviléges. A-t-on jamais imaginé, disent nos adversaires, quelque chose de plus étrange, de plus incompréhensible, de plus injuste qu'une publicité produisant son effet en arrière ? Autant vaudrait dire qu'une loi promulguée aujourd'hui aura été obligatoire dans le passé ! Eh bien, c'est là l'effet que vous voulez attribuer aux priviléges.

Que cela soit étrange, injuste, je ne vous le conteste pas, répondrais-je, mais ce que je soutiens et ce que vous ne pouvez nier, c'est qu'il résulte des articles 2095 et 2096 que ce qui caractérise le privilége immobilier, et le distingue de l'hypothèque, c'est la *rétroactivité de l'inscription* qui le conserve. En effet, essayez de comprendre le privilége sans le secours de cette rétroactivité et vous resterez convaincus que la méconnaître, c'est le supprimer lui-même. Si son inscription n'est point rétroactive, si le rang auquel il a droit est dépendant d'elle, l'esprit le plus subtil ne pourra préciser le rapport sous lequel il se distingue de la simple hypothèque : comme elle, il primera les droits avec lesquels il sera aux prises ou sera primé par eux, suivant que leur inscription aura suivi ou précédé la sienne.

Ainsi, il faut admettre que si l'*effet* du privilége est

subordonné à l'inscription, son *rang* en est complètement indépendant. — En autres termes, à quelque époque qu'il soit inscrit, pourvu qu'il le soit avant que le cours des inscriptions soit arrêté, c'est-à-dire en tant que l'immeuble affecté demeure dans le patrimoine du débiteur, il prime toutes les hypothèques même les plus anciennes. (Art. 6.)

Tel est le principe.

La loi y a-t-elle dérogé quant au privilége des ouvriers? les a-t-elle placés dans l'alternative de s'inscrire *avant* de commencer les travaux ou de voir leur privilége dégénérer en simple hypothèque? Là est la question.

Or, si je m'attache au texte de la loi, la négative n'est pas douteuse. A la différence de la loi de brumaire, l'art. 2110 n'a dit nulle part que c'est avant de se mettre à l'œuvre que l'ouvrier doit prendre sa première inscription; son privilége reste donc sous l'empire de la règle générale; par conséquent, il peut inscrire utilement le procès-verbal de l'état des lieux tant que la plus-value qu'il a créée reste dans le patrimoine de son débiteur, et puisque leur inscription, si tardive qu'elle soit, est utilement faite, il faut en conclure qu'elle assure à son privilége tout son effet, c'est-à-dire un rang de préférence sur tous les créanciers hypothécaires déjà inscrits. (Art. 2095.)

Il nous reste à répondre à deux objections que l'on ne manque jamais de faire contre le système que nous adoptons. Nos adversaires argumentent d'abord de l'art. 2109, et ils nous disent : la rétroactivité que l'art. 2109 attache à l'inscription des copartageants est présentée comme une exception au principe de l'art. 2106; or, si la rétroactivité écrite dans l'art.

2109 est une exception à la règle, c'est qu'en principe l'inscription des priviléges n'a point d'effet rétroactif.

Que l'art. 2109 soit une exception au principe de l'art. 2106, je l'admets, mais en ce sens que l'art. 2106 n'a fixé aucun délai pour l'inscription des priviléges, et que l'art. 2109, au contraire, veut que l'inscription des priviléges des copartageants soit effectuée dans les 60 jours à compter du partage. Cette objection vient donc fortifier notre système.

Enfin, on nous objecte encore que l'art. 2110 ne peut être entendu dans le sens de l'art. 2106, par cette raison qu'il est présenté comme une exception à ce qui a été dit dans cette disposition.

Sans doute, il y a là une exception, mais que nous importe ; cette exception est complètement étrangère à notre question, puisqu'elle n'est relative qu'aux formalités de l'inscription.

Nous objectera-t-on l'injustice de notre système; nous renverrons alors le reproche aux rédacteurs du Code : ce sont eux qui ont fait la loi.

Jusqu'ici nous ne nous sommes occupé du privilége des ouvriers qu'au point de vue du droit de préférence ; il nous reste à l'étudier au point de vue du droit de suite.

La conservation du droit de suite, comme celle du droit de préférence, est subordonnée à la double inscription du procès-verbal de l'état des lieux et du procès-verbal de la réception des travaux. Si cette double inscription a été prise antérieurement à la transcription faite par l'acquéreur de l'immeuble grevé, il ne peut y avoir de difficulté : l'inscription obtient tout son effet. Il n'y en a pas davantage, s'il n'a été pris aucune inscription avant la transcription faite par l'acquéreur : l'immeuble passe aux mains de ce dernier, affranchi du privilége.

Au cas où la transcription intervient entre l'inscription du premier et celle du second procès-verbal, mais alors que les travaux étaient déjà achevés ou reçus, il faut tirer cette conséquence rigoureuse, mais juridique, que la clôture du procès-verbal de réception des travaux n'eût-elle précédé que de vingt-quatre heures la transcription de l'acte de vente, le constructeur perdrait son privilége. Car, d'une part, l'art. 6 de la loi du 23 mars, en présence de l'abrogation de l'article 834 du Code de procédure, n'a accordé aucun délai aux ouvriers, et de l'autre, l'art. 2110 du Code Napoléon a subordonné l'existence de leur privilége à une double inscription.

La loi, cependant, doit être entendue raisonnablement ; et la solution que nous venons de donner ne serait plus juste au cas où l'aliénation et sa transcription auraient été faites depuis l'inscription du procès-verbal de l'état des lieux, mais pendant le cours des travaux, et par conséquent avant la rédaction du procès-verbal de leur réception. Ce serait, en effet, réduire l'ouvrier à l'impossible que d'exiger de lui, même dans ce cas, que l'inscription du second procès-verbal précédât la transcription.

Il est évident que toute difficulté disparaît si le nouveau propriétaire, déterminé par l'utilité ou la nécessité des travaux, consent à ce qu'ils suivent leur cours : les choses se passent alors, à son égard, comme s'ils avaient été commencés sur son ordre.

Mais s'il arrête les travaux, que se passera-t-il? L'art. 2110 ne peut-être invoqué, puisqu'il n'a trait qu'aux priviléges acquis avant la transcription, et, dans notre espèce, le privilége n'est pas constitué, puisque la dernière condition à laquelle il est subordonné (art. 2103), n'est pas encore remplie. Il faut donc, je crois, comme le demande M. Troplong, accorder, dans ce cas, à l'entrepreneur les six mois fixés par le Code pour faire dresser le procès-verbal de réception des travaux, après leur achèvement normal. Le privilége, régularisé dans ce délai, s'exercerait alors sur la portion du prix qui représenterait la valeur des travaux faits avant l'aliénation. Mais dans ce délai de six mois, l'ouvrier devrait, tout à la fois, faire recevoir les travaux et inscrire le procès-verbal de réception. Ce délai est bien suffisant, et il n'y aurait plus aucune sécurité pour les tiers à traiter avec l'acquéreur, si, comme le demande M. Mourlon, la faculté d'inscrire pouvait être étendue au delà de ce terme par les tribunaux.

Nous suivrions la même solution au cas où l'aliénation et sa transcription se placeraient après l'achèvement des travaux, mais pendant les six mois accordés aux ouvriers pour les faire recevoir.

Enfin, si nous supposons le cas où le propriétaire grevé viendrait à tomber en faillite, par analogie de motifs, nous suivrons toujours les mêmes règles ; l'époque à considérer sera celle du jugement qui aura déclaré l'état de faillite ; mais tout ce que nous avons dit de la transcription lui sera applicable.

Ce que nous venons de dire du privilége de l'ouvrier est également applicable au privilége du bailleur de fonds ; privilége de même nature que le premier, ou plutôt qui ne fait qu'un avec lui, puisque le prêteur, dont les deniers ont servi à rembourser les ouvriers, prend la place de ceux-ci.

En vertu de l'art. 2103, § 5, il faut, pour que le bailleur de fonds acquiert le privilége de l'ouvrier, qu'il soit constaté par l'acte d'emprunt et par la quittance des ouvriers, passés l'un et l'autre dans la forme authentique, que les deniers empruntés ont reçu l'emploi indiqué. Mais est-il nécessaire, pour la conservation de ce privilége, que l'inscription mentionne l'acte d'emprunt et la quittance?

Je ne le pense pas; car l'art. 2110 ne distingue pas, et il ne parle, pour le bailleur de fonds, comme pour le constructeur, que de l'inscription du double procès-verbal. Et, du reste, cette double inscription suffit pour assurer la sécurité des tiers intéressés, car s'il n'est pas possible de dire qu'il leur soit complètement indifférent de savoir qui, de l'ouvrier ou du prêteur doit, en réalité, profiter de l'inscription, du moins cela n'est-il pour eux que d'un intérêt secondaire.

SECTION III. — Application de la loi nouvelle au privilége du vendeur.

En vertu du principe « le créancier, qui a mis ou conservé dans le patrimoine du débiteur la chose qui sert actuellement de gage à d'autres créanciers, doit être payé avant eux sur le prix de cette chose », principe qui sert de base au privilége de l'ouvrier sur la plus-value qu'il a produite, l'art. 2103 a également accordé un privilége au vendeur, sur l'immeuble vendu, pour le paiement du prix de vente. C'est un privilége retenu par le vendeur, plutôt que concédé par la loi, mais il ne faut pas aller jusqu'à dire, comme l'ont fait quelques auteurs, que ce privilége consiste en un certain démembrement du droit de propriété que le vendeur retient pour sa sûreté, et que, par conséquent, la chose vendue n'étant pas entrée entière dans le patrimoine de l'acheteur, les hypothèques par lui établies ne peuvent frapper que la portion de propriété qui lui a été transmise, et ne peuvent point s'asseoir sur la portion de propriété restée dans le patrimoine du vendeur.

Ce qui prouve, au contraire, que la chose vendue est passée tout entière dans le patrimoine de l'acheteur, ou, en d'autres termes, que l'aliénation est complète, c'est qu'aux termes des articles 2101 et 2105 combinés, les créanciers, qui ont un privilége général sur les biens de l'acheteur, l'étendent jusque sur l'immeuble vendu et peuvent s'en prévaloir au préjudice du vendeur lui-même.

Du reste, si cette doctrine était celle de la loi, ce droit de propriété resté subsistant en la personne du vendeur eût été certainement, de même que le droit d'usufruit ou tout autre droit de servitude, affranchi de toute condition de publicité.

Or, le privilége du vendeur n'échappe pas à la règle de l'art. 2106 ; il ne produit d'effet qu'autant qu'il a été rendu public.

Quant au mode de publicité, il s'écarte de la règle générale, et peut consister, soit dans la transcription de l'acte de vente, soit dans une inscription directe et spéciale. La loi contient, en effet, à ce sujet, deux dispositions : l'une de droit commun, l'autre en dehors de la règle. Les priviléges se conservent par une inscription (art. 2106) : c'est le principe. Le vendeur peut conserver le sien par la transcription de son titre (art. 2108) : c'est l'exception au principe.

Toutefois, la loi de brumaire, dans l'art. 29, et après elle, le Code, dans l'art. 2108, ont exigé en outre que le conservateur des hypothèques, qui reçoit la transcription de l'acte de vente, inscrive d'office, sur son registre ordinaire des inscriptions, les créances résultant de l'acte transcrit. A première vue, on a peine à comprendre l'utilité de cette inscription. Si le vendeur est en règle lorsque l'acte de vente a été transcrit, c'est qu'apparemment la transcription avertit suffisamment les tiers de l'existence du privilége : dès lors, à quoi bon l'inscrire? cette inscription parait n'être qu'une formalité vaine et sans objet. Quoique cela paraisse évident et que même cette observation soit juste à la rigueur, cette exigence de la loi a pourtant sa raison d'être. La transcription consiste dans la reproduction littérale de l'acte de vente en son entier : or, par cela même, la clause d'où résulte le privilége est parfois perdue dans des détails très longs et ne se trouve pas parfaitement en lumière. C'est pour remédier à cet inconvénient que la loi a exigé, dans l'intérêt des tiers, que le privilége fût mentionné, dégagé de toutes les clauses de la vente qui lui sont étrangères, sur le registre particulier des inscriptions. Loin de faire double emploi avec la transcription, cette inscription vient donc la compléter.

Mais si la loi de brumaire et le Code ont été d'accord sur l'utilité de cette inscription, ils se séparent sous un autre rapport. En effet, dans le système de la loi de brumaire, la conservation et l'efficacité du privilége étaient subordonnées à l'inscription d'office.

Quand elle faisait défaut, ou qu'elle était irrégulière, le vendeur se trouvait réduit au rôle d'un simple créancier chirographaire, sauf son recours contre le conservateur. D'après le Code, au contraire, dès qu'elle est effectuée, la transcription de la vente suffit par elle-même et par elle seule à la conservation du privilége qu'elle rend public. Le défaut d'inscription n'engage que la responsabilité du conservateur envers les tiers, qui peuvent recourir contre lui, au cas où le privilége du vendeur, qu'ils n'ont point vu mentionné sur le registre ordinaire des inscriptions, leur a causé un préjudice.

On s'est demandé si, dans ce cas, c'est-à-dire alors que son privilége n'existe que sur le registre des transcriptions, le vendeur a droit aux sommations, notifications et convocations prescrites en matière de saisie immobilière (art. 692 C. pr.), de purge (art. 2183 C. N.) et d'ordre (art. 751, 753, C. pr.). Si la saisie ne lui a pas été dénoncée, si le tiers acquéreur de son gage ne lui a fait aucune offre à fin de purge, s'il n'a pas été appelé à l'ordre et qu'il ait laissé marcher les choses sans y prendre part, l'adjudication, la purge et l'ordre seront-ils, quoique consommés en dehors de lui et à son insu peut-être, valables et partant irrévocables à son égard? Nous savons qu'à la vérité, à ne consulter que les termes de l'art. 692 du Code de procédure, le vendeur dont le gage est saisi sur son acheteur n'a droit au bénéfice d'une interpellation qu'autant qu'il se trouve parmi les créanciers inscrits; que de même les articles relatifs à la purge et à l'ordre n'ont également trait qu'aux créanciers dont les droits de suite et de préférence sont inscrits. Mais ne nous est-il pas facile de répondre que la *transcription* de la vente valant *inscription* au profit du vendeur, les choses doivent, à son égard, se passer comme s'il se trouvait réellement parmi les créanciers inscrits.

Malheureusement, l'art. 2108, tel que nous venons de l'expliquer, ne resta point en vigueur. Le principe que la propriété ne se transmet à l'égard des tiers que par la transcription ayant disparu de la rédaction définitive du Code, et l'art. 2108 n'étant qu'une suite nécessaire de ce principe, on avait dû en conclure forcément, quoique par voie de conséquence, que notre article était abrogé. En effet, du moment que la vente opérait une mutation indépendante de la transcription et, par conséquent, dispensée de toute publicité, le privilége qu'elle engendre ne pouvait plus être que clandestin comme elle. De même qu'autrefois les tiers connaissaient le privilége par l'examen de la transcription qui opérait la mutation de propriété, de même ils devaient, dès lors, apprendre son existence par l'examen de l'acte de vente. Les effets produits par la vente sont si étroitement liés les uns aux autres qu'ils ne peuvent point se révéler séparément ; leur découverte est toujours simultanée.

Sous l'empire du Code, le privilége du vendeur était donc dispensé de toute espèce de publicité, et l'art. 2108 demeurait sans objet. La loi nouvelle a mis un terme à ce fâcheux état de choses, et en rétablissant le principe de la loi de brumaire, elle a par cela même fait cesser l'anomalie que présentait l'art. 2108.

Reste à savoir si la loi de 1855, en rétablissant le principe de la loi de brumaire, a rétabli toutes les dispositions de l'art. 2108. Ainsi, la transcription vaut-elle, sous son empire, comme sous le Code, inscription à l'effet de conserver le privilége du vendeur? Le conservateur qui la formalise doit-il effectuer une inscription d'office ? à supposer qu'il le doive, la conservation du privilége est-elle liée à cette inscription, ou en est-elle indépendante ?

A ne consulter que les termes de l'art. 6 de la loi nouvelle, on devrait résoudre négativement la première de nos questions. Que dit, en effet, cet article ? « que le vendeur peut, même après la transcription de la revente, et tant qu'il est encore dans les quarante-cinq jours de son contrat, conserver son privilége. Et quel mode de publicité indique-t-il pour le conserver ? *L'inscription*; nul autre mode de publicité n'y est indiqué. On peut donc dire que, la règle posée étant absolue, elle embrasse dans sa généralité toutes les hypothèses possibles, c'est-à-dire aussi bien le cas où la première vente a été transcrite, que l'hypothèse inverse.

Mais le bon sens s'oppose à ce résultat. Du moment que la première vente a été transcrite, les tiers sont réputés la connaître, non pas sous tel ou tel rapport, mais quant à tous les effets qui sont de sa nature. S'ils savent que le vendeur a cessé d'être propriétaire, ils savent par cela même et forcément qu'un privilége a été par lui retenu pour la garantie de sa créance. Et s'ils le connaissent, quoi de plus juste qu'ils le subissent.

Il est vrai qu'au cas où les indications énoncées en l'acte transcrit seraient insuffisantes pour mettre à jour le véritable état de la propriété transmise à l'acheteur et, par suite, la mesure du crédit que peuvent lui accorder ceux qui entrent avec lui en relation d'affaires, la transcription ne peut valoir inscription. Mais, à supposer que le privilége du vendeur eût été inscrit, dans ces conditions, sur le registre ordinaire des inscriptions, il ne serait pas plus valable que dans l'hypothèse où la transcription seule aurait eu lieu. L'article 2108 demeure donc entier et la loi nouvelle, bien loin de l'avoir détruit, n'a fait qu'en raviver la source, puisqu'elle a fait revivre le principe d'où on l'avait déduit comme une conséquence nécessaire.

Maintenant que nous savons par quels procédés le privilége du vendeur peut être porté à la connaissance des tiers, nous avons à rechercher quels sont les effets de cette publicité. Le privilége du vendeur n'a-t-il d'effet qu'à compter de la date de son inscription ou bien, au contraire, son rang, au lieu d'être subordonné à la date de l'inscription, en est-il complètement indépendant, telle est la première question qui se présente en cette matière.

Cette question, relative à l'interprétation de l'article 2106 du Code Napoléon, a déjà été traitée par nous dans la section précédente, et nous savons par expérience que de difficultés elle présente à surmonter. Ici elle apparait revêtue d'une nouvelle cuirasse et flanquée de cette autre question : « A quelle époque le privilége du vendeur prend-il naissance » ?

On se souvient que selon nos adversaires la règle de l'art. 2106 est que les priviléges n'ont d'effet qu'autant que l'inscription qui les révèle au public est antérieure ou concomitante au fait qui lui a donné naissance. Faisant application de cette règle au privilége de l'ouvrier et à celui du vendeur, ils la justifient à l'égard du vendeur de la manière suivante :

L'art. 2108, disent-ils, portant que la transcription de l'acte de vente d'un immeuble conserve au vendeur son privilége et vaut pour lui inscription, nous avons ici l'hypothèse d'un privilége qui est rendu public au moment même où il naît, c'est-à-dire dont l'inscription est concomitante au fait qui lui a donné naissance. En effet, la vente, alors même qu'elle est définitivement conclue et parfaite entre les parties, n'opère point *erga omnes* le déplacement de la propriété de la chose vendue ; elle n'a d'effet, au regard des tiers, qu'à partir du moment où elle leur a été notifiée par la voie de la transcription. Jusque-là, la propriété de la chose vendue continue de résider entière dans la personne du vendeur. Dès lors, tant que la vente n'est point transcrite, il ne peut être question de privilége, d'abord, parce que le vendeur ne peut pas avoir de privilége sur une chose dont il retient la pleine propriété, et ensuite, parce qu'un privilége lui serait inutile, la propriété qu'il conserve lui servant elle-même de garantie. Que, si on suppose la vente transcrite, la transcription opère alors, à l'égard des tiers, la mutation de propriété, mais, en même temps qu'elle les avertit que le vendeur a cessé d'être propriétaire de l'immeuble vendu, elle leur fait également savoir que cet immeuble n'est passé dans le patrimoine de l'acheteur qu'avec la charge du privilége retenu par le vendeur pour la garantie de sa créance. La publicité du privilége se trouvant ainsi contemporaine de son existence même, la règle que nous avons donnée comme explication de l'art. 2106 se trouve parfaitement appliquée : *le privilége naît conservé*. Que reprocherez-vous à cette solution ? l'art. 2106 est respecté : le privilége du vendeur ne produit d'effet qu'à la date de son inscription. Les art. 2095 et 2096 le sont également, puisqu'il est impossible que le privilége du vendeur soit primé par des hypothèques qui auraient été inscrites avant lui.

Tout est faux dans le système de nos adversaires : les principes sur lesquels ils s'appuient, aussi bien que la conclusion à laquelle ils arrivent.

Et d'abord, je nie, en effet, qu'il soit juste de dire que tant que la vente n'est point transcrite, il ne peut être question de privilége, puisque le vendeur conserve le droit de propriété même ; je nie qu'il soit vrai que le vendeur conserve la propriété à l'encontre des ayants-cause de l'acheteur, au cas où la vente n'a pas été transcrite.

Nos adversaires ont sans doute trouvé commode de passer légèrement sur cette question, et de la trancher de la manière qui devait donner à leur explication de l'art. 2106 quelque chose de tout à fait séduisant. Nous nous garderons bien d'accepter la discussion de l'art. 2106 dans de semblables conditions ; aussi avant d'aborder cet article, devons-nous déterminer *le moment à partir duquel le privilége du vendeur prend naissance.*

Sur ce point, la loi de brumaire donnait lieu à deux systèmes bien différents.

Premier système. — Dès qu'elle est conclue, la vente est parfaite et, par suite, translative de propriété dans les rapports des parties entre elles.

Bien que parfaite entre les parties, elle n'a d'effet, au regard des tiers, qu'à compter du jour où elle leur a été notifiée par la voie de la transcription de l'acte qui la constate. Jusque-là, la propriété de la chose vendue continue, quant à eux, de résider, entière, en la personne du vendeur, et dès lors il ne peut être question de privilége.

Lorsque la vente se parfait et se complète par la transcription, alors seulement la propriété, vis-à-vis des tiers, passe du vendeur à l'acheteur, et dès lors, le privilége du vendeur prend naissance.

La transcription constitue donc le privilége du vendeur en même temps qu'elle opère la mutation de la propriété; et même en le créant, elle le conserve par la publicité qu'à l'instant même elle lui imprime.

En somme, dit-on, dans ce système, le vendeur est, à tout événement et sans qu'il ait personnellement aucune formalité à remplir, à l'abri de toute atteinte; *son droit ne peut point périr*.

Et en effet, de deux choses l'une :

Si, au lieu de transcrire son titre, l'acheteur garde le secret, le vendeur conserve, au regard des tiers, la propriété de l'immeuble vendu et, avec elle, une action en revendication contre laquelle aucun acte de l'acheteur ne peut prévaloir.

Que si, au contraire, il se décide à le notifier aux tiers, le vendeur cesse d'être propriétaire; mais à l'instant même qu'il perd, avec la propriété, l'action en revendication qu'elle implique, il acquiert un privilége qui, par la publicité que la transcription lui imprime en même temps qu'elle le fait naître, s'impose et se produit envers et contre tous : sa sécurité est, par conséquent, complète (1).

Deuxième système. — Avant l'an VII, la vente était, grâce à l'introduction de la tradition feinte, translative de propriété par elle-même et par elle seule, non

(1) M. Valette. — *De l'effet ordinaire de l'inscription en matière de priviléges sur les immeubles.*

point seulement dans les rapports des parties entre elles, mais sans restriction aucune et, par conséquent, *erga omnes*.

Les rédacteurs de la loi de brumaire ont-ils abrogé ce principe?

Bien loin de là, il me semble qu'ils l'ont toujours supposé existant, car s'il était vrai qu'ils aient voulu laisser subsister, jusqu'à la transcription, la propriété en la personne du vendeur, et, par suite, le droit de la transférer ou de l'engager valablement à ses ayants-cause, eussent-ils senti la nécessité de réserver le droit *des tiers qui contractent avec le vendeur*. Si cette restriction prouve quelque chose, c'est qu'évidemment dans la pensée de ses auteurs, la vente est, de sa nature, translative de propriété, tant au regard des tiers que dans les rapports des parties entre elles.

Il faut donc admettre qu'en principe, la vente est translative de propriété ;

A ce principe, une exception a été faite, il est vrai ; mais l'exception ne concerne que les tiers qui, *en contractant avec le vendeur, sont devenus ses ayants-cause*.

Donc, en dehors de l'exception, c'est-à-dire à l'égard de toutes autres personnes, dès l'instant de la vente et quoiqu'elle ne soit pas transcrite, le vendeur cesse d'être propriétaire, non-seulement au regard *de l'acheteur*, mais encore au point de vue de ses rapports avec les tiers qui, dans l'avenir, pourront traiter avec ce *dernier*. Donc, dès cet instant, son privilége prend naissance.

Ce raisonnement est pleinement justifié par l'art. 26 ainsi conçu : « Les actes translatifs de propriété doivent être transcrits,... jusque-là ils ne peuvent être opposés aux tiers qui auraient contracté avec *le vendeur.* »

Que se passe-t-il sous la loi nouvelle ? quel système a-t-elle adopté ?

A cette question, nos adversaires ont répondu : Sous l'empire de la loi de brumaire, la transcription, qui dessaisissait le vendeur de son droit de propriété, donnait naissance à son privilége ; mais, comme elle le rendait public, en même temps qu'elle le faisait naître, sa conservation se trouvait par là même assurée.

La loi nouvelle a rétabli le principe de la loi de brumaire : donc, d'après elle, comme sous l'empire de la loi qu'elle a copiée, le privilége ne naît qu'au moment où, par l'effet de la transcription de la vente, le vendeur perd, avec le droit de propriété, l'action en revendication que ce droit comporte ; donc il naît public et, par conséquent, conservé.

Nous avons déjà réfuté le premier de ces deux chefs par le texte même de l'art. 26.

Si nous admettions, à notre tour, comme constante la décision de nos adversaires sur le deuxième chef dont leur argument se compose, nous pourrions dire : la loi nouvelle a maintenu, sans y rien changer, les dispositions de la loi de brumaire sur les rapports du vendeur, soit avec ses propres ayants-cause, soit avec les ayants-cause de l'acheteur. D'après ces dispositions, la vente était, par elle-même et indépendamment de sa transcription, translative de propriété au point de vue des rapports du vendeur avec les ayants-cause de l'acheteur. Son privilége naissait avec elle, et comme rien ne le révélait au public, tant qu'elle n'était pas transcrite, il devait, sous peine de le voir destitué de tout effet, le notifier aux tiers par la voie d'une inscription. Donc aujourd'hui encore.....

Mais il nous faut autre chose que des affirmations, nous voulons des preuves ; c'est dans le texte de la loi nouvelle que nous chercherons à découvrir la doctrine de la loi de brumaire.

Sous l'empire de la loi de 1855, le principe que le contrat de vente est, par lui-même et par lui seul, translatif de propriété demeure en vigueur, car les art. 1138 et 1583 du Code Napoléon n'ont pas été abrogés.

Une exception a été apportée à ce principe, mais elle est spéciale « aux tiers qui ont des droits sur l'immeuble vendu et qui les ont conservés en se conformant aux lois. » (Art. 3.)

Qui faut-il entendre par ces tiers? sont-ce les ayants-cause de l'acheteur et ceux du vendeur, ou seulement les ayants-cause de ce dernier?

La loi de brumaire, on s'en souvient, ne considérait comme tiers que les ayants-cause du vendeur. (Art 26.)

Quant à la loi de 1855, elle semble, il est vrai, par la généralité de ses termes, embrasser tous les tiers qui ont acquis des droits sur l'immeuble vendu sans distinguer s'ils tiennent leurs droits de l'acheteur ou du vendeur. Mais telle n'a pas été la pensée du législateur; l'esprit dans lequel la loi a été conçue et le but qu'elle s'est proposé d'atteindre nous en convaincront.

Quel est l'objet de la transcription ? c'est de prévenir par la publicité de la vente les désastres qu'entraînaient, sous l'empire du Code, les fraudes que pouvaient commettre les vendeurs de mauvaise foi.

Si elle n'a d'autre objet que d'avertir les tiers auxquels la clandestinité de la vente pourrait préjudicier, ceux-là seulement auront droit de se plaindre de son inexistence ou de sa tardiveté, auxquels la vente pourrait nuire et qui ne l'auraient pas connue.

Or, est-il possible de dire que les ayants-cause de l'acheteur n'ont pas connu la vente ? ils n'ont traité avec l'acheteur que parce qu'ils savaient qu'il était devenu propriétaire. Est-il possible de dire que l'existence de la vente peut leur nuire ? c'est sur elle que reposent leurs droits.

Les ayants-cause du vendeur seuls pouvaient souffrir d'une vente clandestine. Dès lors, eux seuls devaient être protégés par le principe que, quant aux tiers, la vente, sans transcription, est nulle ou inexistante.

Nous pourrions donc maintenant nous contenter de reproduire le syllogisme que nous avons déjà fait pour la loi de brumaire, et dire :

Dès qu'elle est conclue, la vente est, par elle-même et par elle seule, translative de propriété.

Toutefois, elle n'est pas opposable aux tiers tant qu'elle n'est pas transcrite ; mais par tiers on ne peut entendre que ceux qui, en contractant avec le vendeur, sont devenus ses ayants-cause.

Donc, à l'égard de toutes autres personnes, le principe reste vrai, c'est-à-dire que vis-à-vis d'elles le vendeur cesse d'être propriétaire dès que la vente est conclue.

Donc, dès cet instant, son privilége prend naissance.

Mais nous voulons aller plus loin encore : laissons de côté toute espèce de syllogisme ; il nous suffira de citer quelques dispositions de la loi pour arriver à l'évidence et confondre nos adversaires.

Le privilége du vendeur, dites-vous, naît conservé ?

Mais expliquez-nous alors pourquoi l'art. 6 fixe un délai dans lequel il doit être inscrit ; pourquoi l'art. 7 prévoit le cas où, faute d'inscription, il vient à disparaître ?

Tant que la vente n'est pas transcrite, dites-vous, le privilége du vendeur n'ayant pas sa raison d'être, il ne saurait être question de son extinction. Lors, dit au contraire l'art. 6, que la vente n'est pas transcrite, le premier vendeur, en cas *de revente*, doit, pour conserver son privilége, prendre une inscription dans le délai qui lui est accordé à cet effet ; sinon son privilége est éteint.

Je comprends et j'excuse le dépit de nos adversaires en présence de l'art. 6. Vit-on jamais, disent-ils, quelque chose de plus bizarre que le délai de quarante-cinq jours accordé au vendeur pour inscrire son privilége. Quel inconcevable aveuglement que celui du législateur qui a rédigé cet article. En effet, de deux choses l'une : ou bien l'acheteur a fait transcrire son titre, et alors, en même temps que le vendeur est dépouillé de la propriété, son privilége, aux termes de l'art. 2108, naît conservé ; ou bien la vente n'a pas été transcrite, et alors le vendeur, demeurant propriétaire, a bien plus qu'un privilége, il a la propriété entière ; pourquoi dès lors lui accorder un délai pour inscrire un privilége dont il n'a pas besoin. En voulant trop le secourir, ne lui a-t-on pas nui.

De tels reproches seraient bien légitimes, s'il était vrai que le privilége du vendeur ne prend naissance qu'au moment de la transcription ; mais nous avons démontré le contraire, et, comme dernier argument, nous avons la théorie à laquelle conduit le principe posé par nos adversaires, théorie dont chacune des propositions est une nouvelle contradiction avec la loi et une nouvelle erreur.

En somme, le privilége du vendeur naît à la date même de la vente, non point conservé, mais périssable, et le vendeur doit, sous peine de le perdre, veiller à sa conservation.

Deux cas sont donc à considérer :

Si le vendeur n'a point pris une inscription antérieure à la transcription de la revente, son privilége disparaît et comme droit de préférence et comme droit de suite.

Que si, au contraire, il est en règle à cette date, son droit, étant maintenu ou conservé dans la plénitude de ses prérogatives, produit alors *tout son effet*, c'est-à-dire l'effet qui lui est propre, un effet indépendant du temps, se produisant aussi bien dans le passé que dans l'avenir.

Nous avons déjà étudié cette question de la *rétroactivité* de l'inscription à propos du privilége de l'ouvrier, et l'on se rappelle la solution que nous en avons donnée. Nous venons de démontrer que le privilége du vendeur est de même nature que le privilége de l'ouvrier ; dès lors, pourquoi distinguer entre eux ? A raison de leur nature, l'un et l'autre doivent primer tous les droits, même les plus anciens, d'un ordre ou d'une qualité inférieure. Or, la seule manière de respecter la règle : « *privilegia non ex tempore æstimantur, sed ex causâ* », c'est de décider, pour le privilége du vendeur, comme pour tout autre, que *l'effet* de son droit est subordonné à la formalité d'une inscription, tandis que son *rang* en est complètement indépendant.

Nous venons de dire que si le vendeur, dans le cas

où la première vente n'avait pas été transcrite, n'avait point pris une inscription antérieure à la transcription de la *revente*, son privilége disparaissait et comme droit de préférence et comme droit de suite. Telle est, en effet, la règle générale ; toutefois, comme l'acquéreur pourrait, par une revente précipitée, que le sous-acquéreur s'empresserait de faire transcrire, compromettre les droits de son vendeur, la loi, par une faveur particulière, permet au vendeur de s'inscrire, même après la transcription de l'acte par lequel leur débiteur a disposé de leur gage, pourvu qu'il le fasse dans les 45 jours de l'acte de vente. Mais il est bien évident que, si les 45 jours s'écoulent sans qu'une seconde vente soit transcrite, le vendeur sera toujours à temps d'inscrire son privilége ; s'il en était autrement, le délai accordé au vendeur, loin d'être une faveur, serait une restriction au droit commun.

Les restrictions apportées par les articles 448 du Code de commerce et 2146 du Code Napoléon, à la faculté de prendre inscription, s'appliquent aux priviléges tout comme aux hypothèques. Nous sommes donc dispensés de revenir sur ce point ; nous nous contenterons de dire que, dans notre espèce, la prohibition des articles précités ne doit pas recevoir son application au cas où l'immeuble vendu se trouve, non plus dans le patrimoine du failli, mais aux mains d'un tiers acquéreur. En ce cas, le vendeur peut s'inscrire utilement, s'il est encore dans les délais voulus, mais, bien entendu, sous la réserve qu'en s'inscrivant, il ne nuira point aux autres créanciers de la faillite.

Une dernière question reste à examiner, relativement à la conservation du privilége du vendeur : la transcription, effectuée en vertu de l'art. 2108, est-elle soumise au renouvellement décennal ? Faut-il décider, au contraire, avec M. Pont, que la transcription conservant, à elle seule, et sans le secours d'aucune inscription, le privilége du vendeur, « le » contrat de vente, une fois transcrit, le privilége du » vendeur subsiste et se maintient, sauf les causes » d'extinction énumérées dans l'art. 2180, et au nombre desquelles ne se trouve pas le défaut de renouvellement » ? Je le pense.

Telle n'est pas, il est vrai, l'opinion de M. Troplong, dont l'argument consiste à dire que, d'après les termes mêmes de l'art. 2108, la transcription ne vaut que comme inscription pour le vendeur, et qu'elle vaudrait davantage si on la dispensait du renouvellement décennal. Mais on peut répondre que, lorsque la loi déclare que la transcription vaut une inscription, elle assimile les deux formalités, quant à la vertu conservatoire qu'elles ont l'une et l'autre, mais qu'elle ne pousse pas plus loin la ressemblance entre elles ; qu'il se peut donc que, tandis que l'effet conservatoire de l'inscription est temporaire, l'effet de la transcription soit perpétuel.

Du reste, le renouvellement de la transcription n'aurait aucune raison d'être ; car, alors même qu'il remonte à plus de dix ans de date, l'acte qui se trouve décrit sur les registres est tout aussi facile à retrouver que celui qui figure sur le registre courant. C'est ce que la loi suppose elle-même, puisqu'elle admet que l'effet translatif de propriété qu'elle attache aux actes transcrits dure, indépendamment de tout renouvellement, non point pendant dix ans seulement, mais toujours. Or, si, quoiqu'elle ait plus de dix ans de date, la publicité que la transcription imprime à l'acte de vente demeure subsistante quant à la mutation de propriété, il est clair que, par là même, elle demeure également subsistante quant au privilége qu'elle met à jour.

En revanche, on ne peut pas contester que l'inscription d'office ne soit soumise, comme les inscriptions ordinaires, à la formalité du renouvellement décennal. Un avis du conseil d'Etat, en date du 22 janvier 1808, ne laisse aucun doute à cet égard. Voici, en effet, de quelle manière il s'exprime : « ....Il est donc vrai de dire que l'inscription d'office doit être renouvelée, comme toute autre, pour la conservation du privilége, et que c'est au vendeur à veiller au renouvellement... » On le voit, la loi est formelle. Au vendeur seul incombe la charge de prévenir, par la voie du renouvellement, la péremption de l'inscription existante. Ce n'est pas une faculté qu'on lui accorde, c'est une obligation qu'on lui impose. Mais sous quelle sanction ? Qu'arrivera-t-il si, faute d'un renouvellement en temps utile, l'inscription d'office cesse de valoir ? Là est la difficulté.

Selon l'opinion la plus générale, la péremption de l'inscription d'office entraîne la perte du privilége du vendeur. Il nous est impossible de nous rallier à cette interprétation. En effet, la transcription a par elle-même une puissance pleinement conservatoire, puisque l'inscription d'office n'eût-elle pas été effectuée, le privilége du vendeur n'en eût pas moins existé. Or, se peut-il que ce privilége puisse périr par la péremption d'une inscription dont il était complètement indépendant? Cette péremption n'a et ne peut avoir d'autre effet que de mettre les choses dans l'état où elles seraient, à supposer que l'inscription qu'elle éteint n'eût jamais été prise.

Quant à la sanction de l'obligation imposée au vendeur, je la trouve dans l'avis même du Conseil d'Etat : « Lors, y est-il dit, que l'inscription est nécessaire pour constituer le privilége, le renouvellement est nécessaire pour la conserver. Quand, au contraire, le privilége existe indépendamment de l'inscription, et que celle-ci n'est ordonnée que sous des peines particulières, elle doit être renouvelée sous les mêmes peines. » Ainsi, dans notre espèce, le privilége du vendeur étant indépendant de l'inscription, laquelle n'est ordonnée que sous certaines peines, le vendeur, qui la laisse périmer, encourt les peines attachées à son omission. Du moment, en effet, que la loi le substitue au conservateur, à l'effet de veiller, par la voie d'une inscription, à la publicité du privilége, il est naturel de penser que l'obligation qu'elle fait passer de l'un à l'autre n'est autre que celle qu'elle a organisée dans l'art. 2108.

En résumé, il faut décider, d'une part, que le vendeur dont le privilége est transcrit le conserve, nonobstant la péremption de l'inscription d'office ; d'autre part, qu'il est responsable envers les tiers du dommage qu'a pu leur causer la péremption de l'inscription qu'il a laissé éteindre, bien que, dans leur intérêt, il dût l'entretenir.

Tout ce que nous avons dit du privilége du vendeur est également applicable au privilége de ceux qui ont fourni les deniers pour l'acquisition de l'immeuble. L'art. 2103 n'indique, en effet, aucune formalité particulière pour la conservation de ce privilége ; les formalités qu'il prescrit n'ont rapport qu'à son acquisition qu'elles doivent justifier : 1° par la mention faite dans l'acte d'emprunt que les deniers prêtés sont destinés à payer le prix de la vente ; 2° par la mention, faite dans la quittance, que le prix a été payé avec les deniers empruntés.

SECTION IV. — Application de la loi nouvelle au privilége du copartageant.

L'inscription de ce privilége est régie par les art. 2109 et 2113 du Code Napoléon et par l'art. 6 de la loi du 23 mars 1855.

Tant que l'immeuble grevé est dans le patrimoine du copartageant tenu de la dette que le privilége garantit, le copartageant, en faveur duquel elle existe, peut utilement prendre une inscription *privilégiée*, s'il la prend dans les soixante jours du partage (art. 2109), simplement *hypothécaire*, s'il ne la requiert qu'après l'expiration de ce délai. (Art. 2113.)

Il suit de là que toutes les hypothèques, acquises du débiteur de la soulte ou du prix de licitation, et inscrites dans le délai de soixante jours, seront primées par le copartageant, lors même que l'inscription de son privilége serait postérieure à celle des hypothèques, pourvu qu'elle ait été prise, au plus tard, le soixantième jour, à compter du partage ou de la licitation. Si, au contraire, il laisse passer le délai de soixante jours sans prendre inscription, son droit est soumis au principe : *qui prior est tempore potior est jure ;* c'est-à-dire qu'il ne prime plus que les créanciers chirographaires et les créanciers hypothécaires dont l'inscription est postérieure à la sienne, tandis qu'il est primé par ceux qui se sont inscrits avant lui.

Ainsi l'art. 2109, comme nous avons déjà eu occasion de le faire remarquer, déroge à l'art. 2106 ; en effet, tandis que ce dernier article ne fixe aucun délai pour l'inscription des priviléges et que cette inscription est rétroactive, à quelque époque qu'elle ait été prise, pourvu qu'elle intervienne en temps utile. L'art. 2109, au contraire, veut que l'inscription du privilége du copartageant soit effectuée dans un délai de soixante jours.

Que si l'immeuble a été aliéné, l'inscription peut être prise tant que l'acte d'aliénation n'a pas été transcrit, et même après la transcription, si le copartageant privilégié se trouve encore dans les quarante-cinq jours du partage (art. 6). Faute d'une inscription dans ce délai, le droit de suite serait perdu.

Mais le copartageant pourrait-il, à supposer qu'il fût encore dans les soixante jours à compter du partage, prendre une inscription à l'effet de conserver son *droit de préférence ?*

Le droit de suite et le droit de préférence, disent les partisans de l'affirmative, sont complètement indépendants l'un de l'autre ; tandis que le premier s'exerce sur l'immeuble, le second ne porte que sur le prix. Aussi conçoit-on facilement que le droit de préférence puisse survivre au droit de suite. C'est, du reste, une hypothèse que la loi a prévue en réglant le sort de l'hypothèque de la femme, quant au droit de préférence, au cas où elle a perdu son droit de suite faute d'inscription. (Loi du 21 mai 1858.)

Cela posé, qu'y a-t-il d'impossible à ce que la loi ait fixé des délais différents pour la conservation du droit de suite et pour celle du droit de préférence, et n'est-ce pas ce qui résulte nécessairement de l'ensemble de ses dispositions : l'art. 2109 du Code Napoléon, qui figure dans une section où il n'est question que du droit de préférence, dit formellement que ce droit est conservé intact par une inscription prise dans les soixante jours de l'acte de partage. L'art. 6 de la loi du 23 mars 1855 restreint à quarante-cinq jours, il est vrai, le délai qu'il accorde au copartageant ; mais cet article n'a rapport qu'au droit de suite, puisqu'il suppose la vente de l'immeuble et n'abroge en rien, ni directement, ni par voie de conséquence, les dispositions de l'art. 2109 qui est applicable au droit de préférence. Or, ces deux droits étant indépendants l'un de l'autre, les dispositions des deux articles peuvent recevoir leur exécution.

A mon avis, la négative est préférable : et d'abord pourquoi les partisans de l'affirmative autorisent-ils les copartageants seuls à conserver et à produire leur droit de préférence alors que le cours des inscriptions est arrêté? où est la raison d'une telle faveur? Si l'on admet la règle que la loi nouvelle, n'ayant trait qu'au droit de suite, laisse sous l'empire des lois préexistantes la conservation et l'exercice du droit de préférence, pourquoi ne pas appliquer cette règle au privilége du vendeur? Pourquoi ne pas l'étendre aux simples hypothèques? Ne peut-on pas dire, en effet, que, d'après le Code Napoléon, les créanciers hypothécaires peuvent, quant à leurs rapports avec les créanciers chirographaires de leur débiteur, s'inscrire utilement à quelque époque que ce soit, puisque aucun délai ne leur a été à cet égard imposé?

Mais voici un argument qui embarrassera plus encore nos adversaires. Je prends l'art. 2109 à la lettre et j'admets un instant que le droit de préférence puisse être conservé pendant les 60 jours qui suivent le partage... Mais à quelle condition pourra-t-il l'être? A la condition d'une inscription (art. 2109). — Or, sur quoi prendrez-vous cette inscription? est-ce sur l'immeuble? mais l'immeuble est franc et quitte de toute charge entre les mains de son acquéreur, puisqu'il est à l'abri du droit de suite ; et à quel titre viendriez-vous marquer l'empreinte de votre privilége sur un bien qui en est désormais affranchi?

Vous avez encore un droit sur le prix de vente, dites-vous, est-ce une raison pour en prendre un sur l'immeuble? Or, puisque d'après l'art. 2109, sans inscription, il ne peut y avoir de droit de préférence, ne faut-il pas reconnaître, sinon que ce droit n'existe plus, tout au moins, qu'étant subordonné à une condition impossible, il ne peut profiter du délai accordé par l'art. 2109.

Il va sans dire que, quand même le délai de 45 jours ne serait pas écoulé, la garantie privilégiée dont ils sont investis leur échapperait encore, s'ils se laissaient surprendre, soit par la faillite de leur débiteur, soit par son décès, quand sa succession est acceptée sous bénéfice d'inventaire.

SECTION V. — Application de la loi nouvelle à la séparation des patrimoines.

La séparation des patrimoines est un secours accordé aux créanciers contre les dangers que peut entraîner avec elle la transmission des biens de leur débiteur dans le patrimoine de ses héritiers ; elle confère aux créanciers héréditaires qui l'invoquent le droit d'être payés sur les biens de la succession, par préférence aux créanciers personnels de l'héritier.

Quant aux *immeubles*, ce droit ne peut-être exercé qu'autant qu'une inscription aura annoncé publiquement l'intention des créanciers à cet égard. Point d'inscription, point de préférence ; telle est la loi.

Mais quel est l'article qui détermine le moment auquel doit être prise cette inscription? Est-ce l'art. 2111 ; est-ce au contraire l'art. 6 de la loi du 23 mars 1855? En autres termes, la loi nouvelle est-elle applicable à la séparation des patrimoines?

La solution de cette question dépend de celle de cette autre question : La séparation des patrimoines constitue-t-elle un privilége proprement dit?

Quelques auteurs ont admis l'affirmative ; les rédacteurs du Code, ont-ils dit, abandonnant les principes de l'ancien droit, ont fait de la séparation des patrimoines *un véritable privilége*. Ils l'ont, en effet, portée du titre des successions au titre des priviléges et hypothèques, avec la qualification formelle de *privilége* ou *d'hypothèque*, suivant qu'elle est inscrite dans les six mois de l'ouverture de la succession ou après l'expiration de ce délai. Les créanciers et légataires, dit l'art. 2111, conservent leur privilége par une inscription prise dans les six mois de l'ouverture de la succession. A défaut d'une inscription prise dans ce délai, leur privilége, ajoute l'art. 2113, dégénère en une simple hypothèque.

A nos yeux, la séparation des patrimoines, en passant dans le Code, n'a pas changé de caractère ; elle ne constitue, comme dans l'ancien droit, qu'un droit de *préférence sui generis*. L'art. 2111 la qualifie, il est vrai, de privilége, mais nous répondrons que nos anciens auteurs lui donnaient déjà cette dénomination et désignaient simplement par là le droit qu'avaient les créanciers du défunt de se faire payer sur ses biens de *préférence* aux créanciers personnels de l'héritier. Dès lors, quoi de plus naturel que de supposer que ce mot a passé dans l'art. 2111 avec la même signification, et la meilleure preuve que l'on puisse en donner, c'est qu'il n'est fait mention de la séparation des patrimoines que dans la section IV du Code, qui est précisément consacrée au droit *de préférence*, tandis qu'elle ne figure pas dans la section II, consacrée *aux priviléges* proprement dits.

D'ailleurs, à chacune des conséquences qu'entraînerait le système que je combats, vous auriez à reculer devant une injustice ou devant une violation flagrante de la loi :

Reconnaître un privilége dans le bénéfice de la séparation des patrimoines, c'est lui concéder *le droit de suite*. Or, l'art. 880 s'y oppose : « L'action du créancier héréditaire ne peut s'exercer que sur les biens qui sont encore aux mains de l'héritier ». — Ce serait modifier les rapports des créanciers du défunt entre eux, — ce serait préférer les légataires inscrits dans les six mois aux créanciers qui ne le sont pas, et violer ainsi le principe : *nemo liberalis nisi liberatus*.

Le législateur n'a pu inaugurer un tel système ; or, si la séparation des patrimoines n'est pas un véritable privilége, et si elle ne regarde que les rapports des créanciers entre eux, elle doit échapper à l'influence des événements qui, dans l'intérêt des tiers acquéreurs, arrêtent le cours des inscriptions. C'est pourquoi, le législateur de 1855, ne s'occupant que des intérêts du tiers acquéreur qui transcrit, n'a pas dû parler de la séparation des patrimoines, et l'a laissée sous l'empire des règles tracées dans l'art 2111.

Quelques auteurs se sont demandé ce qu'il faut décider au cas où il existe sur l'immeuble vendu des inscriptions prises en temps utile par des créanciers personnels et hypothécaires de l'héritier? Les créanciers héréditaires qui n'étaient pas inscrits au moment de la transcription de la vente peuvent-ils, s'ils sont encore dans les six mois de l'ouverture de la succession, s'inscrire utilement à l'effet de primer les créanciers inscrits du chef de l'héritier? l'affirmative a de nombreux partisans ; leur argument c'est que l'art. 6 de la loi de 1855 n'étant pas applicable à la séparation des patrimoines, la transcription ne doit pas forclore les créanciers héréditaires du droit de s'inscrire. Tout en reconnaissant que l'art. 6 est étranger à votre matière, j'admets la négative ; car à défaut de l'art. 6 de la loi nouvelle, nous pouvons invoquer l'art. 880 du Code Napoléon. Dès que la transcription a été effectuée, l'immeuble, même au regard des tiers, n'existe plus dans la main de l'héritier, et dès lors les créanciers du défunt n'ont plus le droit d'exercer sur lui la séparation des patrimoines.